ENSALADAS
el nuevo plato principal

Peter Gordon

Fotografías de Jean Cazals

BLUME

A Kai, mi encantador nuevo sobrino

INTRODUCCIÓN 7
INGREDIENTES DE
LA ENSALADA IDEAL,
CÓMO CONSEGUIR
UNA TEXTURA
CRUJIENTE Y
ALGUNAS NOTAS
SOBRE LOS ALIÑOS

BLUME

Título original:
Salads

Traducción:
Remedios Diéguez Diéguez

**Revisión técnica de la edición
en lengua española:**
Ana María Pérez Martínez
Especialista en temas culinarios

**Coordinación de la edición
en lengua española:**
Cristina Rodríguez Fischer

*Primera edición
en lengua española 2006*

© 2006 Naturart, S.A.
Editado por Blume
Av. Mare de Déu de Lorda, 20
08034 Barcelona
Tel. 93 205 40 00
Fax 93 205 14 41
E-mail: info@blume.net
© 2005 Quadrille Publishing
Limited, Londres
© 2005 del texto Peter Gordon
© 2005 de las fotografías
Jean Cazals

I.S.B.N.: 84-8076-595-X

Impreso en Singapur

CONSULTE EL CATÁLOGO
DE PUBLICACIONES ON LINE
INTERNET: WWW.BLUME.NET

Introducción

*Me considero un gran entusiasta de las ensaladas. Aunque prefiero cocinar para mis amigos
en casa, tengo que admitir que no lo hago con la frecuencia que me gustaría. Casi todos
los platos que cocino y preparo se crean en nuestro restaurante y se sirven a los clientes.
En los restaurantes, las ensaladas (dejando a un lado las de guarnición) tienen que resultar
tan interesantes como el resto de los platos de la carta. Nuestros clientes de los restaurantes
The Providores and Tapa Room siempre esperan que les sirvan platos sabrosos y atractivos.
Acostumbran a pedir nuestras ensaladas como plato principal, hecho que me hizo advertir que
existe todo un mundo de posibilidades para conferir todo el protagonismo a este componente
del menú. A Jane O´Shea, de Quadrille, y Lewis Esson, mi editor, se les ocurrió la misma
idea, y este libro es el resultado.*

*En verano es muy habitual servir una ensalada como plato principal, ya que el calor puede
hacer muy pesado el proceso de preparar y tomar un plato demasiado elaborado. No obstante,
en este libro se incluyen ensaladas que también resultan perfectas para otoño e invierno, puesto
que contienen ingredientes más consistentes que las habituales hortalizas de verano y hojas
de ensaladas. Me he divertido mucho creando y escribiendo estas recetas (las he preparado
en la cocina de mi casa y las he probado todas), así que espero que las prepare y disfrute
tanto con ellas como mis amigos y yo.*

LOS INGREDIENTES DE LA ENSALADA IDEAL

¿Qué es exactamente una ensalada? ¿Se trata simplemente de unos cuantos ingredientes crudos, mezclados en un cuenco con un aliño o es algo más complejo? A la hora de escribir este libro, he adoptado el enfoque según el cual una ensalada está constituida por una mezcla de ingredientes, todos ellos en armonía, algunos mezclados de forma sencilla y otros distribuidos en un plato. Algunas ensaladas consisten en una serie de ingredientes deliciosos, pero independientes, y otras constituyen importantes mezclas de ingredientes que, al fusionarse, crean un plato único.

La idea de armonía se presta por sí misma a debate. De hecho, para crear armonía en ocasiones se necesita generar caos o algún tipo de choque. El hecho de aportar a una mezcla un sabor o una textura que contrasten puede realzar otros ingredientes que formen parte del mismo plato. En las siguientes recetas descubrirá que una pasa sultana tostada puede realzar unas notas cítricas agudas, o que una guindilla picante aporta calidez a un postre dulce.

Las ensaladas agradecen la complejidad de texturas. Tanto si se trata de una textura crujiente debido a la adición de frutos secos y picatostes, como de una suave por la presencia de mozzarella o yogur, conviene que la ensalada posea más de una textura. Aunque una tierna ensalada verde con un poco de aceite de oliva y zumo de limón constituye un entrante o un acompañamiento perfecto, no dejará satisfechos a sus invitados. Si, en cambio, añade unas láminas de pera y avellanas tostadas, unas judías verdes y, quizá, un poco de queso parmesano en láminas finas, la cosa cambia.

Al crear una ensalada, lo más importante es que los productos sean de primera calidad (más importante incluso que en los platos cocinados, ya que las ensaladas apenas se manipulan). Por lo general, las ensaladas deben constar de cinco o seis ingredientes que se mezclan con un aliño; si uno de esos ingredientes no tiene buen sabor, puede estropear toda la ensalada.

En cuanto a las lechugas, elija hojas jugosas y firmes (por favor, no utilice hojas lacias, aunque si las sumerge rápidamente en agua fría, las agita para extraer un poco el agua y después las guarda 1 hora en el frigorífico, en una bolsa de plástico, puede lograr maravillas con verduras y hierbas).

Seleccione frutas y verduras de temporada y de calidad. Si utiliza un tomate en pleno invierno, no espere que tenga el mismo sabor que aquellos tomates que probó en verano en el campo. Del mismo modo, si desea servir una ensalada fría de fresas en Navidad, le recomiendo que elija otra receta en lugar de comprar una fruta de invernadero.

ENSALADAS QUE SATISFACEN

A excepción de las ensaladas del primer y el último capítulo, todas las recetas de este libro están pensadas como plato principal para cuatro personas. La mayoría de las ensaladas se pueden servir también como entrantes; sólo tiene que prepararlas en menor cantidad o utilizar las cantidades indicadas para seis u ocho personas como primer plato.

Por supuesto, para algunas personas (como mi padre) no serán suficiente como plato principal, y algunos comensales preguntarán dónde está la carne (consulte los capítulos correspondientes). Supongo que este libro no es para ellos. ¡Ya escribiré un libro de carnes!

Mi intención ha sido crear un libro de recetas que inspire al lector a tener la confianza suficiente para elaborar una comida interesante con ingredientes que, en muchos casos, tendrá en el frigorífico, o al menos que sean fácilmente disponibles. Es cierto que algunas recetas requieren más preparación que otras (preparar unas alcachofas bien merece el esfuerzo), motivo por el cual también puede emplear ingredientes ya preparados (por ejemplo, corazones de alcachofa en aceite de oliva). Siempre que me ha sido posible, he ofrecido consejos sobre otros ingredientes alternativos. Si prefiere utilizar judías congeladas en lugar de frescas, por ejemplo, hágalo. Cocinar debe ser divertido, no una carga tediosa.

GRANDES CANTIDADES

He adoptado un enfoque bastante informal en cuanto a las medidas de los ingredientes. Cuando tuve que decidir cuánta roqueta iba a necesitar para cuatro personas, pensé que «1 o 2 puñados» sería más directo y realista que «100 gramos» o «1 manojo» (el tamaño de éste dependerá del lugar donde la compre). De forma similar, una taza de algunos ingredientes puede resultar confusa. Una taza de aceitunas (si se trata de olivas negras gigantes de Grecia) contendrá alrededor de doce unidades; una taza de arbequinas de Cataluña puede contener casi treinta. Así que he optado por «puñados» de aceitunas, alcaparras e ingredientes similares (además, usted tendrá que decidir qué cantidad quiere añadir realmente).

SENSIBILIDADES EN CUANTO A LOS ALIÑOS

Se trata de un terreno muy personal. En mi opinión, tengo muy poca tolerancia a la sal y tiendo a quedarme corto, pero sin influir en el sabor. En cambio, tengo amigos a los que les encanta la sal, de modo que, ¿cómo puedo satisfacerles? Sencillamente, aderezo los platos como a mí me gusta y pongo sal en la mesa. Siempre se puede añadir más sal a un plato cocinado, pero no eliminarla. Cuando indico que se aliñe una ensalada, usted tendrá que decidir qué cantidades desea utilizar.

Conviene tener en cuenta que el *miso* (pasta fermentada de arroz y soja), la salsa de soja y la salsa de pescado también son buenos aliños. Sin embargo, los platos adquieren un color oscuro, hecho que se hace extensible a las ensaladas, además de aportar un peculiar sabor.

En cuanto a la pimienta, creo que hoy en día no existe excusa para utilizar pimienta molida. Un molinillo puede durar toda la vida, y en los comercios hay distintas opciones a muy buen precio. Además, también existen frascos de pimienta en grano con el molinillo incorporado y desechable (una opción un poco derrochadora para mi gusto, aunque no cabe duda de que supone un buen modo de introducirse en los placeres de la pimienta recién molida).

Las guindillas, si bien no constituyen un aderezo diario, también se prestan a debate por su intensidad. La norma general es que una guindilla pequeña y arrugada será más picante que una mediana y lisa. Las semillas y las membranas que las sujetan al cuerpo son las causantes de gran parte del picor. Si no está seguro de la intensidad de una guindilla, retire el tallo verde, córtela por la mitad a lo largo y retire las semillas y las membranas con una cucharilla. Añada la guindilla picada y pruébela. Si necesita más picante, ponga más semillas y fibra picadas. Utilice guantes cuando manipule guindillas, pues el olor persiste en los dedos. Si no lo especifico, no retire las semillas; además, creo que las guindillas serán de intensidad media.

CONSEGUIR UNA TEXTURA CRUJIENTE

Como ya se ha comentado, la «textura» es muy importante en las ensaladas. Aunque tal vez resulte más evidente en la cocina asiática que en la clásica europea, resulta decisiva para recordar los platos. Aquí tiene algunos consejos para conseguir una textura crujiente, así como sabores interesantes en sus ensaladas.

Pipas de girasol a la soja: esta receta se basa en la cocina macrobiótica; de hecho, mi compañero, Michael, aprendió a prepararla cuando seguía ese tipo de dieta, hace casi 25 años. Caliente una sartén de fondo grueso y añada un gran puñado de pipas. Tuéstelas en la sartén a fuego medio y remueva con frecuencia hasta que adquieran color. Añada 2 cucharadas de salsa de soja o *tamari* (salsa de soja sin trigo) y deje que se evapore; vaya removiendo constantemente. Cuando no quede líquido, sirva las pipas en un plato y deje que se enfríen. Separe las pipas que se hayan adherido y guarde el resto en un recipiente hermético.

Semillas de sésamo: las semillas de sésamo tostadas aportan un sabor muy atractivo a las ensaladas, además de una textura muy agradable. Sin embargo, tostarlas puede resultar complicado, ya que saltan y se salen de la sartén. Para evitarlo, puede asarlas en el horno a 160°C hasta que estén doradas, o tostarlas en pequeñas cantidades en una sartén con tapa. Remuévalas mientras las prepara a fuego medio y, cuando adquieran una tonalidad marrón dorada, sáquelas y deje que se enfríen.

Palomitas de maíz picantes: las palomitas en ensaladas pueden parecer algo extraño. Sin embargo, yo las utilicé en The Sugar Club Restaurant, en Nueva Zelanda, en 1988, y nuestro segundo chef, el fabuloso Miles Kirby, ha hecho lo mismo recientemente en The Providores con su ensalada de queso azul, palomitas, guindillas y hierbas.

Caliente un recipiente hondo con una tapa que encaje bien. Añada una cucharadita rasa de aceite de cacahuete, aceite de oliva o de aguacate y un puñado pequeño de maíz para palomitas (asegúrese de comprar el producto correcto). Vaya moviendo la sartén de vez en cuando hasta que oiga que las palomitas empiezan a abrirse, momento en el que no debe dejar de mover, aunque con suavidad,

con el recipiente en el fuego, hasta que las palomitas terminen de abrirse. Sirva la mezcla en un cuenco y coloque la sartén de nuevo en el fuego con otra cucharadita de aceite. Añada unos copos de guindilla, cayena o pimentón, comino, alholva o semillas de alcaravea, semillas de cilantro poco molidas o semillas de cardamomo verde y ajo o guindilla muy picados. Caliente todo rápidamente, vierta la mezcla sobre las palomitas y remueva con media cucharadita de azúcar. Guarde la preparación en un recipiente hermético cuando se haya enfriado y consuma en menos de 48 horas.

Crackers de arroz y sésamo (*véase* fotografía): ponga ¾ de taza de arroz glutinoso y dos tazas de agua en una cacerola pequeña antiadherente y lleve a ebullición, sin dejar de remover. Tape y deje cocer a fuego lento durante 20 minutos. Retire del calor y añada 2 cucharaditas de salsa de pescado tailandesa (o un poco de sal) y 2 cucharaditas de semillas de sésamo negras. Distribuya el arroz sobre una bandeja de horno forrada con papel antiadherente, coloque otra hoja de papel encima y realice un rollo de 3-4 mm de grosor. Retire el papel de la parte superior y deje que la mezcla se enfríe completamente. Corte en tiras o círculos y colóquelos en un papel limpio; deje que adquieran firmeza. Cuando estén rígidos, colóquelos en un lugar ventilado hasta que se endurezcan. Para terminar, caliente 3 cm de aceite a 180°C y fría los *crackers* hasta que se inflen por ambos lados. Deje que se escurran sobre papel de cocina y guárdelos en un recipiente hermético. Se conservan durante 3 días.

Picatostes: los picatostes constituyen un ingrediente muy interesante en las ensaladas, ya que permiten utilizar sobras y, además, proporcionan una deliciosa textura crujiente que se deshace en la boca. Sólo tiene que cortar pan duro en rebanadas o en dados y mezclarlo con el suficiente aceite de oliva virgen extra (o de frutos secos). Para un puñado de picatostes en dados de 1 cm necesitará una cucharada y media de aceite. En caso de utilizar rebanadas, le resultará más sencillo disponerlas en una placa para hornear y regarlas con el aceite. Hornee a 170°C, hasta que estén doradas. También puede freírlas, aunque absorberán mucho aceite.

Escalonias y ajo crujientes: estos dos ingredientes se utilizan mucho en la cocina del Sureste asiático, y quedan perfectos en el aliño de ensaladas con ajo o con las que llevan muchas hierbas frescas. Las escalonias más adecuadas son las rojas y de tamaño pequeño.

Pele los dientes de ajo y córtelos en láminas finas. Haga lo mismo con las escalonias; a continuación, ponga un poco de sal para absorber la humedad y deje reposar durante 30 minutos (utilice 1 cucharadita de sal por cada puñado de escalonias picadas). Exprímalas suavemente para retirar el exceso de humedad, aclárelas con agua fría y vuelva a exprimirlas. Séquelas con papel de cocina. Introduzca el ajo o las escalonias en un *wok* o una sartén y cubra con 4 cm de aceite vegetal. A fuego medio y cuando la sartén empiece a calentarse, remueva el ajo o las escalonias para evitar que se adhieran. Cuando ya estén dorados y empiecen a oscurecerse, retírelos con una espumadera y escúrralos sobre papel de cocina.

Una vez fríos y crujientes, consérvelos en recipientes herméticos.

Puede adquirir estos ingredientes ya preparados en establecimientos de productos asiáticos.

Frutos secos tostados: son el ingrediente de textura crujiente más utilizado. La norma general para tostarlos consiste en no mezclar diferentes tipos de frutos secos en la misma placa, ya que necesitan distintos tiempos de cocción. Caliente el horno a 160°C, disponga los frutos secos sobre una placa y hornéelos hasta que adquieran una tonalidad dorada oscura. Remuévalos para asegurarse de que se cuecen de forma homogénea. Después de sacarlos del horno seguirán manteniendo el calor durante varios minutos. Los piñones tardan entre 8-10 minutos en tostarse y los anacardos alrededor de 15 minutos. También puede preparar frutos secos en una sartén seca, pero me parece menos eficaz.

Si los frutos secos llevan piel, tuéstelos como se han indicado y, una vez que hayan adquirido color, colóquelos sobre un paño de cocina y envuélvalos. El vapor que se genera en el paño reducirá la tensión de la piel; cuando se entibien, frótelos durante 1 minuto con el paño. Las pieles se desprenderán fácilmente.

Frutos secos caramelizados: con este método se consiguen unos anacardos y cacahuetes dulces, brillantes y crujientes. Introduzca un buen puñado de frutos secos sin pelar en una sartén y vierta un litro de agua fría con una cucharadita de sal. Lleve a ebullición y cueza los anacardos durante 5 minutos o los cacahuetes durante 8. Escurra en un colador y vuelva a verter los frutos secos en un cuenco; añada 3 cucharadas de azúcar y remueva para que queden bien impregnados. Póngalos sobre una placa forrada con papel para hornear y deje que se enfríen y sequen. La operación de enfriado puede precisar toda una noche en un lugar con viento o cálido. Si tiene prisa, también puede secarlos en el horno a 100°C. Una vez secos, separe los frutos secos que se hayan adherido. Caliente un *wok* o una sartén con 3 cm de aceite de cacahuete (o cualquier otro aceite adecuado para cocinar) a una temperatura aproximada de 170°C y añada un tercio de los frutos secos. Remueva hasta que presenten un color tostado. Retire los frutos secos de la sartén con una espumadera, colóquelos sobre papel antiadherente y deje que se enfríen. Conserve los frutos secos en un recipiente hermético.

NOTA SOBRE LOS ALIÑOS

Con gran frecuencia, el aliño culmina o estropea una ensalada. Un sencillo aliño aporta cierta humedad al plato; en cambio, un aliño equilibrado con diferentes niveles de sabor puede convertirse en el verdadero protagonista. El aliño debe guardar equilibrio con la ensalada. Esto significa que la acidez y la oleosidad deben permanecer en armonía. No obstante, también debe tener en cuenta los componentes del plato. Por ejemplo, si va a utilizar cítricos o uvas cocidas con agraz o tamarindo, tendrá que preparar un aliño que no resulte demasiado ácido para evitar que el conjunto quede excesivamente fuerte. De forma similar, si prepara un aliño para unas alcachofas braseadas con aceite de oliva, por ejemplo, debe intentar que la ensalada no resulte demasiado oleosa; de lo contrario, el plato quedaría «inundado» de aceite. Cuando prepare el aliño, puede mezclar todos los ingredientes en un cuenco pequeño o incluso introducirlos en un tarro, cerrarlo con la tapa y agitar bien.

Proporción de acidez y aceite: en general, yo utilizo 3-4 partes de aceite por 1 de vinagre. Para preparar un aliño para 4 ensaladas verdes grandes, utilice 5 cucharadas de aceite de oliva virgen extra por menos de $1^1/_2$ cucharadas de vinagre de sidra o balsámico. Si utiliza zumo de limón, melaza de granada o agraz en lugar de vinagre, emplee una proporción de componente ácido ligeramente inferior (aproximadamente 3,5 por 1,5), ya que estos tres ingredientes son menos ácidos que el vinagre.

Acidez: la gama de vinagres disponibles actualmente es increíble. Cuando era niño, lo único que conocía era el vinagre de malta, el blanco y el de sidra. El otro día conté en la tienda donde suelo realizar las compras más de quince tipos, incluidos el vinagre de Jerez (normal, elaborado con uva Pedro Ximénez, con sabor a sultana seca), el vinagre de vino tinto de tres países distintos, el vinagre de manzana de tres tipos (orgánico y no orgánico), el vinagre de arroz y tres tipos de vinagre balsámico, con precios muy dispares... De modo que hay mucho donde elegir, y cada uno con características peculiares.

Además, la acidez también se puede conseguir por medio de otros ingredientes. Mis favoritos son la melaza de granada, el agraz (elaborado con uvas sin fermentar; se debe conservar en el frigorífico una vez abierto), el tamarindo (puede conseguir acidez cuando la pulpa se aplasta en agua caliente y se pasa después por un tamiz, o bien se puede comprar la pasta ya preparada, aunque con una calidad inferior) y el zumo de cítricos. Recuerde que no sólo el zumo de la fruta aporta sabor a una ensalada: la piel finamente rallada también le conferirá carácter. Lo mejor es encontrar fruta que no haya sido tratada con ceras. No obstante, es bastante común que la fruta posea una fina capa de cera para su conservación. En este caso, tendrá que frotar las piezas con un paño caliente o papel de cocina antes de rallar la piel.

NOCIONES BÁSICAS SOBRE EL ACEITE

En cuanto al aceite para el aliño, también existen muchas opciones. Los menos sabrosos (y, por lo tanto, los que debemos utilizar cuando queremos que los «ingredientes de la ensalada» destaquen) son los de girasol, pepita de uva, oliva ligero y el denominado «aceite vegetal para ensaladas».

Los aceites de frutos secos (básicamente de nueces, avellanas, almendras y cacahuetes) aportan sabor, aunque los de almendra y cacahuete resultan muy sutiles. En el mercado también existen aceites de frutos secos tostados con un sabor más pronunciado, que, en ocasiones, llegan a dominar el aliño (por lo que es preferible rebajarlos con un aceite suave). El aceite de sésamo posee un sabor maravilloso (el de semillas tostadas resulta muy intenso), pero conviene utilizarlo con muy poca frecuencia.

El aceite de argán todavía se utiliza poco, aunque resulta absolutamente delicioso. Posee un precio elevado y el proceso de producción, que tiene lugar en Marruecos, es muy lento, ya que implica la recogida a mano de frutos de árboles con espinas. Si lo ve y le apetece darse un capricho, pruébelo como aliño sencillo en una ensalada verde. Le garantizo que quedará impresionado por su sabor dulce a frutos secos.

La información sobre los aceites de oliva podría llenar un libro (ya existen). Un aceite de oliva virgen extra posee una acidez mucho más baja que el virgen o «normal». Un aceite de oliva virgen extra comienza a perder sus frescos sabores herbáceos después de 12-18 meses; por tanto, intente comprar un aceite nuevo y evitará una decepción cuando lo vierta sobre la ensalada.

Un brillante recién llegado al mundo de los aceites es el aceite de aguacate. Se elabora aplastando pulpa de aguacate, proceso con el que se extrae el aceite. Nueva Zelanda, mi país de origen, produce los mejores aceites de esta categoría, cada vez más disponibles en todo el mundo. También resulta perfecto para cocinar, y posee un punto ahumado muy acusado, lo que significa que no adquiere sabor a quemado o a estropeado cuando se calienta. Por este motivo es perfecto para freír filetes de pescado o pechugas de pollo, así como para barbacoas y asados. No es de extrañar que también dé buenos resultados con cualquier ensalada que incluya aguacate, y queda perfecto en el guacamole. Si cree que es demasiado fuerte para utilizarlo solo (lo mismo podemos decir de cualquier aceite sabroso), rebájelo con la misma cantidad de aceite normal.

En el mundo del aceite de oliva siempre se ha jugado con la adición de sabores, y casi siempre con buenos resultados. Ya se pueden adquirir aceites aromatizados con guindilla, limón, lima, hierbas, ajo y otros muchos ingredientes, pero recuerde que no todos poseen un sabor agradable. Tendrá que experimentar por su cuenta y riesgo (o probar aceites que hayan comprado sus amigos).

En el caso de los aceites con sabores, resulta muy importante conservarlos en un lugar fresco, lejos de cualquier fuente de calor, y utilizarlos en un período de tiempo no demasiado prolongado. En una ocasión me regalaron dos litros de un aceite de oliva virgen extra delicioso; lo pasé inmediatamente de su fabulosa lata pintada a botellas de cristal oscuras de 500 ml, y las sellé. De este modo se evita que el aceite se oxide y pierda sabor.

MÁS ALIÑOS ÚTILES

Aunque cada ensalada de este libro posee su propio aliño, seguidamente presento algunas ideas que quizá desee probar. Están pensados para cuatro personas, y se pueden emplear para aliñar tanto una ensalada verde como pescado o pollo asado, o incluso verduras al vapor.

ALIÑO DE VINAGRE DE JEREZ Y MELAZA DE GRANADA

1 cucharada de vinagre de Jerez

2 cucharaditas de melaza de granada

5 cucharadas de aceite de oliva virgen extra

½ cucharadita de salsa de soja

Mezcle todos los ingredientes.

ALIÑO DE SÉSAMO, VINAGRE DE ARROZ Y *MISO*

1 cucharadita de aceite de sésamo tostado

4 cucharadas de aceite de girasol

1 ½ cucharadas de vinagre de arroz

zumo de 1 lima

1 cucharadita de pasta *tahini*

1 cucharadita de *miso*

1 cucharadita de semillas de sésamo tostadas

Mezcle todos los ingredientes.

ALIÑO DE PIMENTÓN, AJO, TOMILLO Y ACEITE DE OLIVA

½ cucharadita de pimentón dulce

1 diente de ajo finamente picado

½ cucharadita de hojas de tomillo fresco

5 cucharadas de aceite de oliva virgen extra

1 ½ cucharadas de vinagre de vino tinto

2 pizcas de sal

Ponga el pimentón, el ajo, el tomillo y 2 cucharadas de aceite en una sartén pequeña y caliente a fuego medio. Remueva sin parar hasta que el ajo adquiera un poco de color.

Incorpore el vinagre y la sal, lleve a ebullición y vierta la mezcla en un cuenco o un recipiente; añada el resto del aceite.

ALIÑO DE YOGUR, ACEITE DE AVELLANAS, MANZANA Y LIMÓN

5 cucharadas de yogur natural sin edulcorar

2 cucharadas de zumo de limón

2 cucharadas de zumo de manzana

1 cucharadita de mostaza inglesa

2 cucharaditas de aceite de avellanas

Mezcle todos los ingredientes.

Magia microverde

A lo largo de este libro, entre los ingredientes incluyo brotes y berros (y, por lo general, le sugiero que utilice lo que tenga a mano). Cuando estaba aprendiendo el oficio, ponía a germinar para mis ensaladas judías mungo, semillas de fenugreco y mostaza. En la actualidad, la variedad disponible en mercados, supermercados y otros establecimientos es extraordinaria. En el libro utilizo roqueta, albahaca, cilantro y algunos brotes novedosos, como *china rose*, la acedera silvestre y otros muchos.

Aunque muchos de estos gérmenes son difíciles de encontrar, puede cultivarlos en casa. Cuando ponga a brotar semillas, nunca se exceda con el agua, ya que se pudrirían. Asegúrese de mantenerlas húmedas.

Posiblemente, en algún establecimiento de alimentos naturales próximo a su casa dispongan de recipientes especiales para cultivar judías mungo y brotes de guisantes, por ejemplo. En general, se trata de cajas con una tapa de malla que encaja. Introduzca las semillas en el recipiente y remójelas toda la noche. Al día siguiente, retire el agua y empiece una rutina diaria de humedecer las semillas y eliminar el agua sobrante. Acabarán brotando y, finalmente, podrá degustar esa nutritiva fuente de alimentación. Estos recipientes para brotes deben incluir las instrucciones de uso.

Los brotes de mostaza se cultivan de forma distinta. También puede emplear este método para cultivar albahaca, cilantro, *shiso*, fenugreco, perejil, etc. Forre un molde para suflé o un recipiente individual con algodón hidrófilo y humedézcalo. Reparta un buen número de semillas (si hay muy pocas tendrán dificultades para crecer rectas) y deje el recipiente en un lugar soleado (pero no al sol directo). Al día siguiente, humedezca de nuevo el algodón. El proceso dura unas tres semanas. Cuando las semillas broten, crecerán rápidamente, aunque lo ideal es que midan al menos 5 cm antes de cortarlas por la base.

«Microverde» es un término divertido para una ensalada de hojas de lechugas baby. Al parecer, el nombre surgió en América. Todavía recuerdo el momento en que vi los primeros ejemplares cuando acudí al restaurante Sign of the Dove para una entrevista de trabajo en Nueva York en 1988. El chef de ensaladas había conseguido la lechuga rizada, la roqueta, la lechuga de hoja de roble y la acedera más pequeñas que podía imaginar. Disponía, además, de hojas de remolacha baby y de acelgas también en miniatura. Me quedé completamente asombrado de que pudiesen ser tan pequeñas. En la actualidad, cualquiera que disponga de un jardín, o incluso de una jardinera en la ventana, puede cultivar estas microplantas. Para ello, siembre las semillas un poco más juntas de lo normal; cuando hayan crecido entre 5 y 8 cm, córtelas a 1 cm de la base. Guárdelas en el frigorífico en una bolsa hermética, y utilícelas lo más rápidamente posible.

Ensaladas en **canapé** para servir en fiestas, sin cubiertos, sobre rebanadas de pan o en hojas

ENSALADA DE SALMÓN, MENTA Y PEPINO SOBRE «CROSTINI»

Esta ensalada se puede servir como segundo plato. Puede emplear el pescado que prefiera (¡asegúrese de que esté fresco!). Dado que el pescado se corta en trozos bastante pequeños, tiene que servirlo antes de que transcurra media hora después de haberlo aliñado; de lo contrario, quedaría demasiado curado. Lo que ocurre es que el zumo de cítricos cuece químicamente la proteína del pescado, de manera que se modifican el color, la textura y el sabor.

La línea de sangre de un pescado está constituida por aquella parte de la carne que se encuentra inmediatamente debajo de la piel, hacia el centro, y que posee un tono más oscuro. Aunque es comestible, el color haría que la ensalada resultara menos atractiva.

para 20 *crostini*

20 rebanadas finas de *baguette* o de su pan preferido

2 cucharadas de aceite de oliva virgen extra

1 pepino de 20 cm

zumo de 1 lima grande (o 2 cucharadas de zumo de limón)

300 g de filete de salmón fresco sin piel, sin sangre (*véase* párrafo inicial) y sin espinas

1 cebolla tierna a rodajas finas

12 hojas de menta finamente picadas

3 pizcas generosas de sal marina

berros para adornar

Caliente el horno a 170°C. Prepare los *crostini*. Para ello, coloque las rebanadas en una placa y úntelas con aceite con la ayuda de un pincel. Hornee hasta que el pan esté dorado (dé la vuelta a las rebanadas a media cocción). La cocción tarda entre 10 y 15 minutos, en función del pan que utilice. Deje enfriar en la placa y conserve los *crostini* en un recipiente hermético (se conservan durante 1 semana).

Pele el pepino y córtelo a lo largo; vacíelo y retire las semillas. Corte el pepino en tiras finas, y éstas en dados. Introdúzcalos en un cuenco y añada el zumo de lima o limón.

Corte el salmón en dados de tamaño similar; incorpórelos al pepino junto con la cebolla, la menta y la sal. Mezcle con cuidado, tape y conserve en el frigorífico. Deje reposar como mínimo durante 15 minutos; transcurrido este tiempo, vuelva a mezclar los ingredientes. Pruebe la mezcla y rectifique el aliño.

Para servir, distribuya la ensalada entre los *crostini* y adorne con unas hojas de berro.

ENSALADA DE CUSCÚS, ALBAHACA, COMINO Y TOMATE

SOBRE HOJAS DE PARRA CON MOJO DE YOGUR AL LIMÓN

Basada en las dolmades *tradicionales (hojas de parra rellenas con una mezcla de hortalizas o con cordero picado), típicas de Turquía y Grecia, esta receta resulta sencilla y queda deliciosa como canapé. Es importante que utilice hojas de gran calidad, ya que en ocasiones están demasiado saladas o tienen un intenso sabor a vinagre. Para este plato utilice las hojas más pequeñas; si sólo dispone de grandes, corte los nervios más duros antes de enrollarlas.*

para 12 unidades

100 g de cuscús (utilice el instantáneo para ganar tiempo)

150 ml de zumo de tomate a temperatura ambiente

1 cucharada de aceite de oliva virgen extra

½ cucharadita de semillas de comino

4 tomates en aceite secados al sol, escurridos y finamente picados

1 puñado de albahaca finamente picada o troceada

12 hojas de parra medianas

para el mojo de yogur al limón

125 ml de yogur espeso, tipo griego

1 cucharada de aceite de oliva virgen extra

ralladura y zumo de 1 limón mediano

1 puñado de perejil finamente picado

Ponga el cuscús en un cuenco, añada el zumo de tomate y mezcle bien.

En una sartén pequeña, caliente el aceite de oliva con las semillas de comino hasta que adquieran un poco de color; a continuación, vierta el contenido de la sartén sobre el cuscús. Añada los tomates secos y la albahaca, y mezcle bien. Tape con film transparente y deje reposar durante 20 minutos.

Antes de utilizar el relleno, mezcle bien los ingredientes otra vez; pruebe y rectifique el aliño, si fuera necesario. Disponga una hoja de parra sobre una tabla, con el extremo en punta mirando hacia arriba. Distribuya una buena cucharada de la mezcla en el centro y déle forma de salchicha de izquierda a derecha. Enrolle sobre la mezcla el extremo de la hoja más próximo a usted; a continuación, doble ambos lados hacia el centro. Enrolle el resto de la «salchicha», manteniéndola firme. Coloque el rollito sobre una bandeja con el extremo de la hoja mirando hacia abajo para evitar que se abra. Proceda del mismo modo con el resto de las hojas.

Tape con film transparente y conserve en el frigorífico durante al menos 1 hora. Sirva en un máximo de 3 horas.

Mientras tanto, prepare el mojo. Para ello, mezcle todos los ingredientes con un poco de sal al gusto.

Para servir, coloque las *dolmades* en una fuente, junto con el cuenco del mojo.

ENSALADA DE REMOLACHA, NARANJA Y AVELLANAS EN HOJAS DE ENDIBIA CON QUESO FRESCO

Las hojas de endibia, al igual que las de los cogollos, resultan perfectas como recipientes para canapés, ya que presentan una cavidad natural. Tal vez desee preparar una fuente con hojas de endibia roja y verde; el resultado será excepcional.

Puede utilizar remolacha ya cocida para ganar tiempo, aunque si la prepara en casa será mucho más sabrosa. Puede emplear remolachas doradas o rayadas cuando sea la temporada, así como naranjas sanguinas, para variar el resultado final.

Caliente el horno a 200°C. Lave las remolachas sin rasparlas; a continuación, envuélvalas en papel de aluminio muy bien apretado (asegúrese de que no tenga ningún agujero, ya que de lo contrario se escaparía el calor). Hornee durante 60-80 minutos, hasta que pueda introducir un cuchillo afilado por el aluminio y alcanzar el centro de las remolachas. Deje enfriar completamente. Retire el papel de aluminio; utilice guantes para pelar las remolachas. Córtelas en dados de 1 cm e introdúzcalas en un cuenco.

Introduzca una cucharadita de ralladura de naranja en otro cuenco; a continuación, corte la naranja en gajos (*véase* pág. 150), y cada gajo en cuartos, y añádala al cuenco con la ralladura y el zumo de limón.

Aplaste las avellanas con la hoja de un cuchillo grande e incorpórelas a la mezcla de naranja junto con el aceite de oliva. Salpimente.

Reparta el queso fresco entre las hojas de endibia y coloque encima la ensalada de naranja. A continuación, incorpore los dados de remolacha (evite que caiga el jugo, ya que no resultaría demasiado adecuado que le resbalara por la barbilla y le cayese en su camisa favorita). Añada el cebollino picado.

para 12 unidades

2 remolachas medianas (del tamaño de un tomate)

1 naranja grande

el zumo de 1 limón grande

24 avellanas peladas y tostadas

1 cucharada de aceite de oliva virgen extra al limón (*véase* pág. 14)

sal y pimienta negra recién molida

3 cucharadas de queso fresco

12 hojas de endibia

1 cucharada de cebollino finamente cortado

ENSALADA DE SANDÍA, FETA Y ALBAHACA CON PIPAS DE CALABAZA Y CHIPS DE GAMBAS

Si no incorpora los chips de gambas, este plato puede constituir por sí mismo una verdadera ensalada que se puede servir como un plato principal ligero o como guarnición para una barbacoa. No obstante, si esta ensalada se presenta con krupuk udang, *los verdaderos chips de gambas, se convierte en una sensación gustativa diferente. Los chips de gambas sin cocinar se encuentran disponibles en los establecimientos de alimentos orientales.*

para 12 unidades

aceite vegetal para freír

12 *krupuk udang* o chips de gambas
(*véase* párrafo inicial)

1 puñado pequeño de pipas de calabaza

1 cucharada de aceite de oliva virgen extra

300 g de sandía fresca, a ser posible
sin pepitas

120 g de queso feta

8 hojas de albahaca finamente picadas

1 cucharada de zumo de limón

brotes (*véase* pág. 16) para adornar
(yo empleé brotes de cilantro)

Caliente 3 cm de aceite en una cacerola o en una sartén a 180°C y fría los chips de gambas hasta que se hinchen. No fría más de 3 o 4 al mismo tiempo. Extráigalos del aceite y escúrralos bien sobre papel de cocina.

Ponga las pipas de calabaza y el aceite de oliva en una cacerola pequeña a fuego medio y fríalas hasta que adquieran color; remueva con frecuencia. Viértalas en un plato y deje enfriar.

Corte la sandía en trozos pequeños e introdúzcalos en un cuenco. Desmenuce el feta, incorpore la albahaca y el zumo de limón y mezcle con mucho cuidado.

Para servir, distribuya la preparación entre cada uno de los chips de gambas y adorne con pipas de calabaza y algunos brotes.

ENSALADA DE UVA ESPINA, PATO AHUMADO, PIPAS DE GIRASOL, YOGUR Y CEBOLLINO EN TRIÁNGULOS CRUJIENTES DE TORTILLA

La uva espina o physalis, originaria de Perú, está emparentada con otra fruta con piel de México, el tomatillo. Resulta curioso que en Estados Unidos se conozcan como «tomates dorados» y se consideren un producto salado, mientras que en el otros países se consideren frutas.

Puede ganar tiempo con las tortillas si las compra de maíz ya preparadas, aunque puede hornearlas como haría con los crostini *o los picatostes.*

Corte cada tortilla en 6 triángulos. Caliente 3 cm de aceite en una sartén y fría las cuñas de tortilla hasta que estén doradas y crujientes por los dos lados. Retírelas del fuego con una espumadera y escúrralas sobre papel de cocina; aderece ligeramente con sal.

Caliente otra sartén pequeña y añada el aceite de oliva y las pipas de girasol; fríalas a fuego medio, sin dejar de remover, hasta que las semillas adquieran un bonito color dorado. Añada la salsa de soja (que chisporroteará un poco) y remueva hasta que el líquido se haya evaporado. Vierta las pipas en un plato y déjelas enfriar.

Cuartee las uvas espinas y mézclelas en un cuenco con las pipas de girasol, el pato o el pollo y el cebollino. Remueva la mezcla con cuidado.

Para servir, reparta un poco de yogur en cada triángulo de tortilla y, a continuación, la ensalada.

para 12 unidades

2 tortillas de harina redondas de 15-20 cm

aceite vegetal para freír

sal

1 cucharada de aceite de oliva virgen extra

1 puñado mediano de pipas de girasol

2 cucharaditas de salsa de soja

18 uvas espinas sin piel ni membranas

1 pechuga de pato ahumado (o de pollo) sin hueso, cortada en lonchas muy finas

2 cucharadas de cebollino finamente picado

2 cucharadas de yogur espeso, tipo griego

Esta ensalada también resulta estupenda para rellenar ravioles y combina bien con caballa, salmón o atún a la plancha, como salsa para acompañar a un plato principal. ¡Es muy versátil! Si no encuentra pecorino sardo (pecorino muy curado), utilice parmesano u otro queso duro y sabroso.

En cuanto a la polenta, le recomiendo la instantánea en lugar de la tradicional (que hay que cocer durante 45 minutos sin dejar de remover) que yo utilizaba cuando empecé a formarme en mi profesión, ¡hace 23 años! Resulta difícil preparar la cantidad exacta de polenta para 12 canapés. Aunque prepare más de la que necesita, siempre puede hornear el resto y cubrirlo con una ensalada de tomate y albahaca. Dispondrá de un entrante para la próxima cena con invitados. También puede preparar más ensalada de tomate y terminar todos los canapés de una vez.

ENSALADA DE CALABACÍN, ANCHOAS, PECORINO Y ALBAHACA SOBRE POLENTA CRUJIENTE AL SÉSAMO

Forre una placa para el horno, de aproximadamente 20 cm de lado, con papel sulfurizado. Lleve a ebullición el agua o el caldo vegetal con un poco de sal y reduzca el fuego. Añada la polenta sin dejar de batir; a continuación, cambie las varillas por una cuchara y cueza durante 1 minuto sin dejar de remover. Añada la mantequilla y las semillas de sésamo, y continúe la cocción hasta que la mezcla absorba la mantequilla. Vierta la polenta en la placa y, con una espátula, extiéndala de manera uniforme en una capa de 7 mm, aproximadamente. Deje enfriar por completo y corte las piezas con la forma que prefiera.

Caliente el horno. Caliente 3 cm de aceite en una sartén y fría las piezas de polenta por tandas, hasta que estén doradas y crujientes por ambos lados; sáquelas y colóquelas en el horno templado para mantenerlas calientes.

Vierta el aceite de oliva en una sartén templada y cueza las anchoas. Aplástelas con una cuchara mientras se van haciendo, hasta que casi se hayan deshecho. Añada los dados de calabacín y continúe la cocción, removiendo de vez en cuando, hasta que estén tiernos. Incorpore la ralladura y el zumo de limón y mantenga en el fuego 1 minuto más. Retire la sartén del calor y deje que la mezcla se enfríe un poco; a continuación, incorpore la cebolla, el queso y la albahaca.

Distribuya esta preparación en las piezas de polenta y sírvalas calientes.

para 12 unidades

320 ml de agua o caldo vegetal

sal

80 g de polenta, tamizada

25 g de mantequilla a temperatura ambiente o 1 ½ cucharadas de aceite de oliva virgen extra

2 cucharadas de semillas de sésamo tostadas (yo he utilizado una mezcla de semillas marrones y negras)

aceite vegetal para freír

1 cucharada de aceite de oliva virgen extra

2 anchoas saladas o 4 filetes de anchoa en aceite escurridos y picados

1 calabacín grande cortado en dados de 1 cm

¼ de cucharadita de ralladura de limón finamente rallada y 2 cucharaditas de zumo de limón

1 cebolla tierna finamente picada

80 g de pecorino sardo, rallado groseramente

1 puñado de hojas de albahaca, partidas o picadas

ENSALADA DE ALMENDRAS ESPECIADAS, MANGO VERDE, MENTA, FRIJOLES NEGROS Y MOZZARELLA SOBRE HOJAS DE COGOLLOS

Las hojas de cogollo ofrecen un soporte perfecto para un canapé (sobre todo las interiores si no son demasiado tiernas). Debe disponer de entre seis y diez hojas por lechuga. Si no puede conseguir un mango verde, utilice medio normal y medio pepino, o bien jícama o papaya verde. Los frijoles negros son chinos; en cambio, los que usted precisa son frijoles enteros salados en lugar de salsa de frijoles negros (aunque se puede emplear en caso de no encontrarlos).

para 12 unidades

1 puñado de almendras (personalmente, las prefiero con piel)

¼ de cucharadita de pimentón picante

1 cucharadita de azúcar lustre

2 ½ cucharaditas de aceite de oliva virgen extra

⅛ de cucharadita de sal

½ mango verde

12 hojas grandes de menta picadas

zumo de 1 lima

1 cucharada de frijoles negros salados (*véase* párrafo inicial), enjuagados y escurridos

150 g de mozzarella en dados de 1 cm

2 cogollos (necesita 12 hojas en buen estado)

Caliente el horno a 160°C, y forre una placa con papel sulfurizado. Mezcle las almendras con el pimentón, el azúcar, ½ cucharadita de aceite de oliva y sal, y vierta la mezcla sobre la placa. Hornee durante 15-20 minutos, hasta que las almendras empiecen a adquirir una tonalidad dorada en el interior (abra una por la mitad para comprobarlo). Póngalas en un plato y deje que se enfríen. Corte cada almendra por la mitad, a lo largo.

Pele el mango y corte la carne en juliana fina (para ello resulta ideal una mandolina). Mézclelo con la menta y el zumo de lima.

Pique los frijoles negros y mézclelos con la mozzarella.

Distribuya la preparación de mango en las hojas de lechuga y adorne con la mezcla de mozzarella y unas cuantas almendras.

ENSALADA DE ZANAHORIA, MANGO, CILANTRO Y HOJAS DE CURRY

EN ROLLITOS DE PAPEL DE ARROZ CON VINAGRE A LA GUINDILLA

para 8 unidades

zumo de 1 naranja y 1 limón

2 cucharadas de azúcar de palma rallado
o azúcar blanquilla

1 zanahoria grande (200 g), pelada y rallada

100 ml de vinagre de arroz o de sidra

1 guindilla pequeña suave, finamente picada

aceite vegetal para freír

1 puñado pequeño de hojas de curry sin tallos

1 mango grande maduro (pero no demasiado
blando)

1 puñado de cilantro fresco

sal

8 obleas de papel de arroz (*véase* párrafo inicial)

*Esta ensalada también resulta deliciosa si se sirve a modo de lecho para un pescado
a la plancha o con pollo escalfado o al vapor. Las hojas de curry proceden de la India
y, una vez fritas, poseen un sabor que recuerda a los frutos secos. Las obleas de papel
de arroz tienen su origen en Vietnam y se encuentran en diversos tamaños y formas,
ya sea redondas o a cuartos.*

Vierta los zumos de naranja y limón en un cazo pequeño con el azúcar
y lleve a ebullición; a continuación, deje reducir la mezcla a 2 cucharadas.

Vierta la mitad de esta preparación sobre la zanahoria rallada, en un cuenco
grande, y remueva bien. Introduzca la otra mitad en un cuenco. Añada el vinagre
y la guindilla y remueva; reserve.

Caliente el aceite suficiente (un mínimo de 3 cm) en una sartén pequeña
o freidora a 160 °C y fría las hojas de curry hasta que estén crujientes
y doradas (si deja que se oscurezcan demasiado, quedarán amargas).
Retírelas con una espumadera y escúrralas sobre papel de cocina.

Pele el mango, corte la carne en dados de 1 cm e incorpórelos a la mezcla
de zanahoria con el cilantro, picado en trozos de 2 cm, y las hojas de curry
fritas. Aderece con sal.

Llene un cuenco (de mayor tamaño que las obleas de papel de arroz) con agua
caliente. Coloque un paño junto al cuenco. Sumerja una a una las obleas en el
cuenco de agua y cuente hasta diez; a continuación, colóquelas sobre el paño.
Tome una décima parte del relleno y colóquelo con firmeza en el centro del
envoltorio, con forma alargada de aproximadamente 6 cm de largo de izquierda
a derecha. En cuanto los envoltorios resulten maleables, doble el extremo
más próximo a usted por encima del relleno, manteniéndolo lo más firme
posible. Doble los extremos de los lados hacia el centro y termine los
rollitos. Dispóngalos con la unión hacia abajo en una fuente forrada
con film transparente. Es posible que se adhieran unos a otros, por
lo que conviene mantenerlos ligeramente separados.

Para servir, coloque los rollitos sobre una fuente con el cuenco del vinagre
a la guindilla en el centro.

Ensaladas **vegetales** que sacan partido de una amplia gama de verduras, hortalizas y legumbres

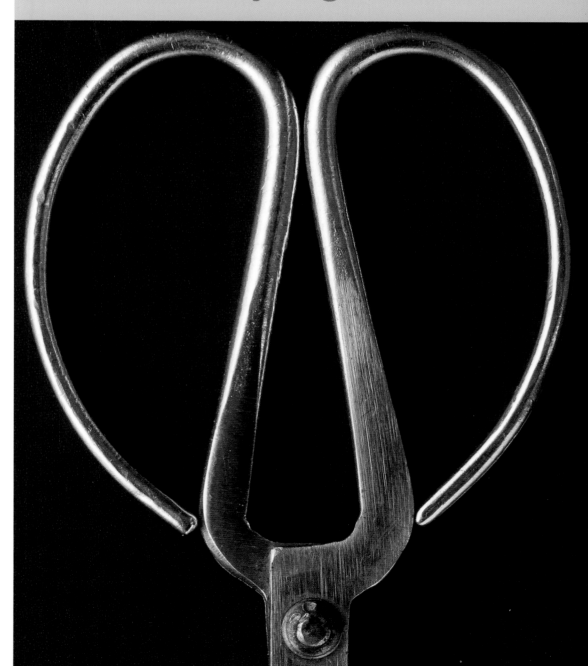

ENSALADA DE CUSCÚS ISRAELÍ, «HIJIKI», CEBOLLA ROJA, TOMATE Y PEREJIL CON TOFU PICANTE FRITO Y BERENJENA A LA MENTA

El cuscús israelí es, en realidad, un tipo de «pasta» elaborada con trigo. La clave para que resulte delicioso consiste en tostarlo antes de prepararlo, al igual que el risotto, *por el método de absorción. Si va a preparar este plato para muchas personas, tal vez prefiera tostar el cuscús en el horno.*

La hijiki *pertenece a la maravillosa familia de las algas comestibles; es completamente negra y se comercializa seca en establecimientos japoneses y de alimentos naturales. Si no puede localizarla, emplee* arame *(otra alga más fácil de conseguir).*

El tofu, ingrediente que la mayoría de chefs (a excepción de los macrobióticos) desprecian, es un ingrediente realmente delicioso. Absorbe el sabor de los otros alimentos y proporciona una interesante textura a muchos platos. El tofu fresco se denomina tofu sedoso, aunque también lo puede encontrar envasado al vacío en la mayoría de establecimientos de alimentos naturales. Si lo va a freír, opte por el tofu más firme (se encuentra disponible en textura más blanda). En esta receta, el tofu se adereza con una mezcla japonesa de especias que también podrá encontrar en tiendas de alimentación japonesas.

4 cucharadas de aceite de oliva virgen extra

1 taza (250 ml) de cuscús israelí (*véase* párrafo inicial)

1 cebolla roja grande, a rodajas finas

6 dientes de ajo, a rodajas

4 cucharadas de *hijiki* seca (*véase* párrafo inicial)

500 ml de agua caliente

sal y pimienta negra recién molida

6 tomates maduros de la mejor calidad

1 puñado grande de perejil

4 cebollas tiernas a rodajas

250 g de tofu firme

2 cucharadas de harina

1 cucharadita de pimentón

1 cucharadita de semillas de hinojo groseramente molidas

aceite vegetal para freír

1 berenjena grande en dados de 2 cm

4 limas

12 hojas de menta grandes

200 g de judías verdes finas, blanqueadas y refrescadas en agua helada

1 puñado de brotes (*véase* pág. 16) para adornar

Caliente una sartén y añada 3 cucharadas de aceite. Incorpore el cuscús y fría a fuego medio durante 4-5 minutos, hasta que adquiera una tonalidad dorada oscura. Remueva con frecuencia para evitar que los granos se quemen. Cuando ya hayan tomado color, pase el cuscús a un cuenco.

Vierta el resto del aceite de oliva en la sartén; cuando esté caliente, incorpore la cebolla. Dórela a fuego medio, removiendo con frecuencia, hasta que se caramelice. A continuación, añada el ajo y la *hijiki* y caliente todo 1 minuto más.

Vuelva a verter el cuscús en la sartén, añada el agua caliente y ½ cucharadita de sal, y lleve a ebullición. Deje hervir exactamente durante 6 minutos, tápelo, retírelo del calor y deje enfriar.

Corte los tomates en gajos y mézclelos con el cuscús, el perejil y las cebollas; pruebe y sazone.

Corte el tofu en dados de 1,5 cm y colóquelo sobre dos papeles de cocina para que absorban el exceso de agua (que será bastante). Coloque otro papel encima del tofu y presione ligeramente con las manos. Déjelo reposar así durante 10 minutos; sustituya el papel en caso necesario. Mezcle la harina con el pimentón y el hinojo picado y reboce el tofu escurrido con esta mezcla; elimine el exceso de harina agitando los trozos de tofu. Vierta como mínimo 5 cm de aceite en una freidora o sartén y caliéntelo a 180°C. Fría el tofu por tandas hasta que se dore y escúrralo sobre papel de cocina.

Fría la berenjena en el mismo aceite; retírela una vez dorada y escurra el exceso de grasa del mismo modo.

Ralle 1 cucharadita de piel de una de las limas; exprima dos limas y cuartee las dos restantes.

Cuando el tofu y la berenjena se hayan enfriado, mézclelos con las hojas de menta y el zumo y la piel de lima; añada un poco de sal.

Para servir, distribuya la ensalada de cuscús en cuatro platos o cuencos y vierta las judías por encima. A continuación, reparta la ensalada de tofu sobre el resto de ingredientes y adorne el plato con los brotes y una rodaja de lima a un lado.

ENSALADA DE PATATAS BABY, JUDÍAS VERDES, ESPINACAS Y CEBOLLA ROJA CON ALIÑO DE LIMÓN

Este plato es ideal para los días de verano, acompañado de fruta fresca como postre. Las espinacas y la cebolla roja preparadas de dos formas distintas aportan textura a esta combinación.

600 g de patatas baby o nuevas (intente conseguir alguna variedad cerosa

1 cucharadita de sal

300 g de judías verdes (yo nunca elimino las puntas)

3 cebollas rojas medianas, peladas

100 ml de aceite de oliva virgen extra

3 cucharadas de vinagre balsámico

500 g de hojas pequeñas de espinacas

3 limones medianos jugosos

1 puñado de brotes (*véase* pág. 16) o de berros

Introduzca las patatas en una cacerola, cúbralas con agua fría, añada la cucharadita de sal y lleve a ebullición. Cuando estén cocidas, incorpore las judías (asegúrese de que hay suficiente agua para cubrirlas) y continúe la cocción durante 2 minutos más. Escurra las patatas y las judías y refrésquelas bajo el grifo durante unos minutos.

Mientras tanto, corte por la mitad 2 cebollas, píquelas en anillos finos y saltéelas con la mitad del aceite en una sartén grande hasta que estén caramelizadas.

Cuando las cebollas estén listas, añada el vinagre balsámico y continúe la cocción hasta que se evapore. Incorpore dos tercios de las espinacas y cuézalas hasta que se ablanden. Emplate esta preparación y déjela enfriar.

Corte la cebolla que queda en anillos finos (una mandolina es un utensilio perfecto para esta operación). Disponga la cebolla en un colador encima de un cuenco y remójela con agua durante 5 minutos para aportar firmeza y eliminar parte de su fuerte sabor.

Para preparar el aliño, ralle ½ cucharadita de la piel de uno de los limones y después exprima el limón. Incorpore el resto del aceite de oliva al zumo y mezcle bien.

Corte en gajos el resto de los limones. Para ello, corte primero los extremos, colóquelos de pie sobre una tabla y, con un cuchillo pequeño y afilado, corte la piel y pártalos en gajos en sentido descendente. El resultado final tiene que ser algo parecido a un limón pelado y sin el tejido blanco fibroso que hay entre los gajos, aunque también debe asegurarse de no eliminar demasiada carne. A continuación, sujete el limón con una mano sobre el cuenco del aliño para aprovechar el zumo; corte cerca de la membrana que separa cada gajo. Cuando haya terminado, exprima lo que queda del limón sobre el aliño. Retire las pepitas de los gajos.

Para servir, distribuya la mezcla de espinacas en cuatro platos. Sirva las patatas enteras, si su tamaño lo permite, o bien córtelas. Mezcle las patatas con las judías, las espinacas crudas, la mitad de los aros de cebolla y la mitad del aliño, y reparta esta mezcla sobre la anterior. Distribuya los gajos de limón y el resto de aros de cebolla e incorpore el resto del aliño y algunos brotes o berros.

ENSALADA DE FIDEOS DE TÉ VERDE O SOBA
CON TOFU FRITO, SETAS, PIMENTÓN AHUMADO, ALMENDRAS AL COMINO, «PAK CHOI» Y ALIÑO DE «WASABI» Y «MIRIN»

Los fideos de té verde y los soba son originarios de Japón. Los primeros se elaboran con trigo, al que se le añade té verde en polvo, y los soba pueden elaborarse con una mezcla de trigo y trigo sarraceno o totalmente de sarraceno. Personalmente, prefiero el fideo soba preparado con trigo y trigo sarraceno, ya que el de sarraceno puro puede resultar bastante quebradizo y de textura casi crujiente.

El tofu de esta receta es del mismo tipo y se prepara casi igual que el de la página 34. El mirin *es un vino de arroz japonés que se emplea únicamente para cocinar y que actualmente se encuentra disponible en los mejores supermercados.*

Caliente el horno a 170°C, y forre una placa para el horno con papel sulfurizado. Mezcle las almendras con el pimentón, el azúcar lustre, el comino, las semillas de sésamo y 1 cucharadita de aceite de sésamo. Disponga la mezcla sobre la placa y hornee hasta que adquiera un color dorado, de 10 a 15 minutos; remueva de vez en cuando. Colóquela en un plato y deje enfriar, y después corte en trozos grandes.

Lleve a ebullición una olla grande con agua con sal. Incorpore los fideos y, transcurridos 30 segundos, remuévalos. lleve a ebullición de nuevo y añada una taza de agua fría para «asustar» a los fideos; deje hervir hasta que estén *al dente*. Escúrralos en un colador y refrésquelos bajo el agua fría. Conviene utilizar una olla grande, ya que estos fideos tienden a hacer espuma y, por lo tanto, sube el nivel del agua.

Corte el tofu en lonchas de 1,5 cm de grosor y dispóngalas sobre dos papeles de cocina para que absorban el exceso de agua (que será bastante). Presione las lonchas con otro papel por encima. Déjelas reposar durante 10 minutos y sustituya el papel si lo considera necesario. Espolvoree las lonchas de tofu con harina. Caliente una sartén y añada un poco de aceite; fría el tofu por ambos lados hasta que adquiera un color dorado. Póngalo en un plato.

Dependiendo de las setas que utilice, podrá emplearlas enteras o bien cortarlas (en caso de que sean grandes). Caliente un poco más de aceite con el resto de aceite de sésamo y saltee las setas. Incorpore la salsa de soja y baje el fuego (la idea es que las setas adquieran una textura crujiente).

Blanquee el *pak choi*. Para ello, sumérjalo en agua hirviendo durante 30 segundos; escúrralo y refrésquelo.

Prepare el aliño de *wasabi* y mirin. Mezcle la pasta de *wasabi* con el vinagre y el *mirin*; a continuación, añada el aceite y salpimente.

Para servir, mezcle los fideos con un poco de aliño y distribúyalos en cuatro platos. Mezcle las setas con el *pak choi* y disponga la mezcla sobre los fideos; después, añada el tofu, el aliño, las almendras y las cebollas (por este orden).

100 g de almendras escaldadas

1 cucharadita de pimentón (ahumado, ya sea dulce o picante)

1 cucharadita de azúcar lustre

1 cucharadita de semillas de comino

1 cucharadita de semillas de sésamo

2 cucharaditas de aceite de sésamo tostado

sal

150 g de fideos (peso en seco, *véase* párrafo inicial)

200 g de tofu firme

2 cucharadas de harina

aceite vegetal para freír

300 g de setas (de cualquier tipo o una mezcla)

2 cucharadas de salsa de soja

400 g de *pak choi (bok choi)* con las hojas separadas

2 cebollas tiernas cortadas en rodajas finas y enjuagadas bajo un chorro de agua fría durante 2 minutos

para el aliño de wasabi *y* mirin

1 cucharadita (más o menos, al gusto) de pasta de *wasabi*

2 cucharadas de vinagre de vino de arroz

2 cucharadas de *mirin*

3 cucharadas de aceite ligero para ensaladas (de pepita de uva, de oliva ligero o de girasol)

sal y pimienta negra recién molida

ENSALADA TIBIA DE SIETE SETAS CON ALIÑO DE «HOISIN» Y JENGIBRE

Yo denomino a este plato otoñal «ensalada de siete setas» por la razón obvia de que incluye siete tipos de setas, aunque eso no tiene que suponer una obligación. Si sólo puede conseguir tres o cuatro variedades, utilice más cantidad de cada una (y si tiene a su alcance una variedad mayor, aproveche la ocasión). Me gusta servir esta ensalada sobre una tostada de pan de payés. Una buena cucharada de mascarpone o ricotta sobre la tostada antes de añadir las setas quedará deliciosa y combina sorprendentemente bien con el jengibre y el aceite de sésamo.

Caliente la mitad de la mantequilla en una sartén y añada los champiñones castaña, el ajo y el tomillo. Saltee a fuego medio; remueva de vez en cuando. Pasados 2 minutos, incorpore la salsa de soja y el vinagre balsámico. Deje reducir a la mitad; a continuación, vierta el contenido de la sartén en un cuenco.

Vuelva a colocar la sartén sobre el fuego y añada el aceite de oliva; a continuación, incorpore las setas lepista, lengua de gato y *shimeji*. Remueva con frecuencia hasta que las setas se hayan ablandado un poco. Póngalas en otro cuenco y manténgalas al calor.

Añada el resto de la mantequilla y el aceite de sésamo en la sartén (no la limpie) y deje que se calienten. Incorpore el jengibre y cuente hasta diez; a continuación, añada los níscalos y las trompetas, y saltee hasta que empiecen a adquirir una textura blanda. Incorpore la salsa *hoisin* y reserve.

Para servir, coloque dos tostadas en cada uno de los cuatro platos y ponga encima las setas castaña con sus jugos. Ponga a continuación las setas cocinadas en el aceite de oliva, seguidas de las que ha preparado con el aceite de sésamo. Por último, reparta las *enoki* y sirva el plato caliente.

120 g de mantequilla

200 g de champiñones castaña

8 ramitas de tomillo fresco

2 cucharadas de salsa de soja ligera (si utiliza salsa china espesa, 1 cucharada)

2 cucharadas de vinagre balsámico

4 cucharadas de aceite de oliva virgen extra

150 g de setas lepista

150 g de setas lengua de gato o gamuza

150 g de setas *shimeji*

2 cucharadas de aceite de sésamo

2 cucharadas de jengibre fresco cortado en juliana o rallado (o jengibre encurtido para sushi finamente picado)

100 g de níscalos

100 g de trompetas de la muerte

3 cucharadas de salsa china *hoisin*

8 tostadas de pan de payés

100 g de setas *enoki* o agujas doradas

Recuerde que las setas silvestres son exactamente eso... SILVESTRES.
Por tanto, es posible que incluyan helechos, ramitas, hojas y otros elementos del bosque. El mejor modo de limpiarlas es una a una. Elimine las ramitas y limpie la suciedad con un pincel. Intente no lavarlas, a menos que sea absolutamente necesario (las setas absorben agua y su sabor se reduce), aunque, en ocasiones, no existe otra alternativa. No es de extrañar que los restaurantes les den un precio tan elevado: a veces dan muchísimo trabajo. Yo prefiero preparar las setas en una sartén con tapa, ya que de este modo se cocinan pero no se secan.

ENSALADA DE ESPÁRRAGOS CON ALCACHOFAS, VERDOLAGA, GRANADA Y REMOLACHA CON ALIÑO DE VINAGRE BALSÁMICO BLANCO

300 g de remolacha rayada mediana

2 cucharadas de vinagre de sidra

1 cucharadita de sal

2 cucharadas de vinagre balsámico blanco

4 alcachofas grandes

1 limón en rodajas de 1 cm

1 granada grande

400 g de yemas de espárragos

100 g de verdolaga

un puñado pequeño de hojas de capuchina

3 cucharadas de aceite de oliva virgen extra

Se trata de una ensalada de principios de verano que se convierte en un fantástico plato principal después de un entrante a base de salmón ahumado y tostada de centeno. Si la prepara a principios del verano, intente combinarla con col marina de regiones costeras.

El vinagre balsámico blanco es un producto relativamente nuevo; el color no es exactamente blanco o transparente, pero sí muy claro. Sin tanto sabor a caramelo como el vinagre balsámico normal, constituye un vinagre ideal para tenerlo en la despensa.

En mis ensaladas utilizo hojas de verdolaga y capuchina. Al no estar disponibles en todos los lugares, puede sustituirlas por algunas hojas con buen sabor y mejor aspecto. También he utilizado remolacha rayada, aunque la normal tiene buen sabor.

Ponga la remolacha en una cacerola con el vinagre de sidra y la cucharadita de sal. Cubra con agua fría, lleve a ebullición, tape y deje cocer durante 30-40 minutos. Estará lista cuando pueda insertar en el centro un cuchillo afilado. Déjela enfriar con el líquido, retírela y pélela frotando la piel con los dedos (o utilice un pelador o un cuchillo afilado si se le resiste; le recomiendo que utilice guantes para evitar mancharse las manos). Corte la remolacha en rodajas muy finas con una mandolina o un cuchillo afilado y mézclela con el vinagre blanco balsámico.

Sujete las alcachofas en sentido horizontal por el tallo y corte a unos 3 cm de la cabeza. Corte el tallo y retire las hojas exteriores con un cuchillo pequeño y afilado. A continuación, retire el heno central con una cuchara; el centro o «fondo» quedará vacío. Lávelas bien bajo el grifo e introduzca las alcachofas en una cacerola con 1 litro de agua fría y las rodajas de limón. Las alcachofas se oxidan rápidamente, de modo que conviene realizar esta operación una a una. Cuando termine, llévelas a ebullición y déles un hervor rápido hasta que pueda introducir un cuchillo en la parte más gruesa. Escúrralas, colóquelas bajo el grifo durante 1 minuto, déjelas enfriar y córtelas en rodajas de 1 cm de grosor.

Pase un cuchillo afilado alrededor de la granada para cortar la piel; a continuación, presione cada mitad en sentido contrario para partirla en dos. Así evitará cortar la carne y las fibras, lo que estropearía las semillas. Separe las semillas sobre un cuenco para evitar mancharse con el jugo que se desprenda. Cuando termine, asegúrese de que no quede tejido blanco fibroso.

Lleve a ebullición una cacerola con agua con sal y añada los espárragos. Deje hervir durante 1 o 2 minutos, dependiendo del tamaño; escúrralos y refrésquelos con agua muy fría, y vuélvalos a escurrir.

Para servir, distribuya unos espárragos en un plato y coloque encima los trozos de alcachofa. Incorpore la verdolaga y, encima, la remolacha. Reparta las semillas de granada y su zumo, añada las hojas de capuchina y rocíe con el vinagre de la remolacha y el aceite de oliva.

ENSALADA TIBIA DE GUISANTES, HABAS, HINOJO, HIERBAS Y BONIATOS ASADOS CON ALIÑO DE PARMESANO

Los boniatos y el parmesano me parecen una combinación divina. Definitivamente, se trata de alimentos que cuando se juntan forman parte de la «cocina fusión», y sus sabores combinan a la perfección. Los guisantes frescos representan una de las estrellas del verano (además de los baños en el río y comer mango fresco a la orilla del mar), pero si no puede conseguirlos no tenga ningún reparo en utilizarlos congelados (por lo general, se congelan a las pocas horas de haberlos recogido, de modo que sólo tiene que elegir una buena marca y no decir nada a sus invitados).

Caliente el horno a 200°C. Forre una placa para asar con papel sulfurizado y disponga los boniatos, el ajo, 2 cucharadas de aceite de oliva y las hierbas, y mezcle todo. Añada 4 cucharadas de agua y ase durante 20-30 minutos, hasta que el boniato esté listo (déle la vuelta dos veces durante la cocción). El agua impide que el boniato se adhiera al papel, y éste que todos los ingredientes se peguen a la placa.

Mientras tanto, corte el hinojo en rodajas muy finas con la ayuda de una mandolina o un cuchillo afilado. Si las habas son grandes, retire la piel grisácea y utilice sólo los centros verdes.

Mezcle en un cuenco grande el resto del aceite de oliva con la mitad del parmesano y el zumo de limón. Salpimente e incorpore las habas, los guisantes y el hinojo.

Cuando el boniato esté listo, espolvoréelo con el resto del parmesano y remueva; sírvalo en cuatro platos calientes. Disponga las verduras encima y adorne con la ensalada de hinojo.

800 g de boniatos pelados y cortados en trozos de 2 cm

1 diente de ajo, en rodajas muy finas

5 cucharadas de aceite de oliva virgen extra

1 puñado generoso de hierbas frescas (romero, tomillo u orégano, o una mezcla de las tres)

2 bulbos medianos de hinojo

700 g de habas frescas (250 g peso neto, aproximadamente), hervidas y refrescadas en agua helada

4 cucharadas grandes de queso parmesano finamente rallado

4 cucharadas de zumo de limón recién exprimido

sal y pimienta negra recién molida

500 g de guisantes frescos (alrededor de 200 g peso neto), hervidos y refrescados en agua helada

1 puñado grande de hojas para ensalada (yo he utilizado amaranto, aunque se pueden emplear hojas que aporten color y sabor, por ejemplo, puede utilizar achicoria de Treviso, endibia roja, roqueta o diente de león)

ENSALADA DE CALABACÍN, HINOJO, MANZANA, AVELLANAS Y ESPÁRRAGOS CON MUCHAS VERDURAS Y ALIÑO BALSÁMICO DE MANZANA

Se trata de una ensalada que queda perfecta con la mezcla de todos los ingredientes, con muchos tipos de hojas y verduras frescas y crujientes. Representa la ensalada perfecta de verano acompañada de una baguette *crujiente.*

En primer lugar, prepare el aliño balsámico de manzana. Para ello, vierta el zumo de manzana y el vinagre balsámico en una sartén pequeña y caliéntelos hasta reducirlos aproximadamente a un cuarto de su volumen. Salpimente y deje enfriar. Añada el aceite de oliva.

Con la ayuda de un pelador, pele los calabacines; deseche la parte central blanda con las semillas. Corte el hinojo en «aros» finos (una mandolina resulta ideal). Corte las yemas de espárragos en ángulo, y en trozos pequeños. Parta las avellanas por la mitad o en trozos no demasiado pequeños.

Reparta la mitad de las verduras en cuatro platos y sirva el resto en un cuenco grande. Cuartee las manzanas y retire el corazón (también las puede pelar); a continuación, córtelas en lonchas finas y añádalas al cuenco con el resto de los ingredientes, incluidos dos tercios del aliño. Mézclelos bien y distribuya entre los cuatro platos. Aliñe con el resto de la preparación y sirva inmediatamente.

4 calabacines medianos

3 bulbos de hinojo

24 yemas de espárragos escaldadas y refrescadas en agua helada

2 puñados de avellanas tostadas sin piel

2 puñados grandes de hojas surtidas (berros, roqueta, escarola, lechuga romana, etc.)

4 manzanas (a mí me gusta utilizar 2 Granny Smith y 2 Red Delicious)

1 puñado de brotes (*véase* pág. 16) para adornar

para el aliño balsámico de manzana

250 ml de zumo de manzana

6 cucharadas de vinagre balsámico

sal y pimienta negra recién molida

125 ml de aceite de oliva virgen extra

ENSALADA DE LENTEJAS, AGUACATE, JUDÍAS VERDES, COGOLLOS Y CEBOLLA ROJA CON ALIÑO DE MELAZA DE GRANADA Y ACEITE DE AGUACATE

Las lentejas del Puy se pusieron de moda hace algo más de catorce años, cuando estos «granos hippies» empezaron a aparecer en los menús de los restaurantes. Durante mucho tiempo fueron ignoradas por considerarse demasiado caseras y de precio elevado. En este caso, resulta muy positivo que la «moda» diese un paso adelante. Las lentejas ofrecen un sabor terroso y textura, y resultan verdaderamente deliciosas cuando se preparan correctamente.

Nueva Zelanda lidera la producción de aceite de aguacate en los últimos años. Se trata de un producto con diversas aplicaciones culinarias (en esta receta combina a la perfección como aliño junto con el aguacate fresco).

1 taza (250 ml) de lentejas del Puy (o pardinas)

2 cebollas rojas medianas

4 cucharadas de aceite de oliva virgen extra

2 dientes de ajo, fileteados

1 cucharada de hojas de romero fresco picadas en grandes trozos

10 hojas de salvia fresca, cortadas

2 cucharaditas de hojas de tomillo fresco

sal y pimienta negra recién molida

2 cucharadas de vinagre (de arroz, vino blanco o sidra)

2 aguacates maduros

2 puñados grandes de judías verdes, blanqueadas y refrescadas en agua helada

3 cogollos con las hojas separadas

para el aliño de melaza de granada y aceite de aguacate

3 cucharadas de melaza de granada

3 cucharadas de aceite de aguacate

3 cucharadas de aceite de oliva virgen extra

Enjuague y escurra las lentejas. Parta por la mitad una de las cebollas, córtela en rodajas finas y saltéela en el aceite de oliva con el ajo hasta que quede caramelizada. Añada las hierbas y saltee durante 2 minutos más; a continuación, incorpore las lentejas con 700 ml de agua y lleve a ebullición. Tape la cacerola y deje cocer durante 30-40 minutos. Asegúrese de que tengan agua en la carecola, y añada un poco más de agua hirviendo de vez en cuando, si lo considera necesario, hasta que las lentejas estén cocidas (es mejor no añadir demasiada agua de una vez y tener que escurrirlas al final, ya que se perdería mucho sabor). Una vez cocidas, aderécelas y deje que se enfríen completamente. Puede conservarlas tapadas en el frigorífico hasta cuatro días.

Corte la cebolla restante en aros finos y mézclela con el vinagre. Advierta que adopta un bonito color rosado.

Prepare el aliño de melaza de granada y aceite de aguacate. Para ello, bata los ingredientes y salpimente ligeramente.

Parta los aguacates por la mitad, deshuéselos, pélelos y corte la carne en trozos grandes.

Para servir, ponga las lentejas en un cuenco con el aguacate, las judías, la lechuga, la mitad de la cebolla con su vinagre y el aliño. Mezcle bien todos los ingredientes y distribúyalos en cuatro platos. Incorpore el resto de la cebolla. Esta ensalada también queda perfecta con una cucharada de yogur natural espeso por encima.

ENSALADA DE ESPÁRRAGOS, PATATAS BABY, ROQUETA, ALBAHACA Y BERROS CON ACEITUNAS, SULTANAS Y TOMATES CEREZA AL HORNO

El contraste entre la acidez de los tomates cereza y el dulzor de las sultanas convierte a esta ensalada en un plato sabroso, casi más que la suma de sus partes. Yo prefiero mezclar los ingredientes sin complicaciones y dejar que los comensales se sirvan. Se trata de un plato muy informal que resulta perfecto acompañado de un cuenco de frutas y helado.

Caliente el horno a 180°C. Ponga los tomates en una fuente refractaria grande y profunda.

Vierta el aceite de oliva en una sartén con las aceitunas y caliente a fuego medio hasta que se les formen ampollas; a continuación, añádalas a los tomates, dejando el aceite en la sartén.

Ponga las sultanas en la sartén y fríalas (se hincharán un poco; asegúrese de que no se quemen). Añada el orégano y remueva; a continuación, incorpore la salsa de soja y el vinagre y lleve a ebullición. Vierta esta mezcla sobre los tomates y las aceitunas.

Hornee todo hasta que los tomates empiecen a abrirse. Saque la fuente del horno y deje que se enfríe. Puede conservar esta preparación en el frigorífico hasta 3 días.

Cueza las patatas en abundante agua con sal hasta que estén tiernas; a continuación, refrésquelas en agua fría y deje que se acaben de enfriar. Cueza los espárragos al vapor o hiérvalos y refrésquelos en agua helada. Separe las yemas. Para hacerlo, sujete los espárragos a 3-4 cm desde ambos extremos y dóblelos: se partirán en el punto donde el tallo deja de estar tierno (deseche las partes duras). Corte las patatas en cuñas pequeñas y los espárragos en ángulo, en trozos de 5 cm.

Para servir, disponga la roqueta, el berro y la albahaca en un cuenco grande con las patatas y los espárragos, y mezcle bien todo. Añada la mezcla de tomate, aceitunas y sultanas por encima. Sirva a sus invitados.

600 g de tomates cereza

4 cucharadas de aceite de oliva virgen extra

2 puñados de aceitunas gordas de cualquier tipo

2 puñados pequeños de sultanas

1 cucharada de hojas de orégano fresco

2 cucharadas de salsa de soja

2 cucharadas de vinagre de sidra

500 g de patatas baby

sal

600 g de espárragos

1 puñado grande de roqueta

1 puñado grande de berros

1 puñado grande de hojas de albahaca cortadas a trozos grandes

Ensaladas de queso
con quesos variados, frescos y curados, tiernos y duros

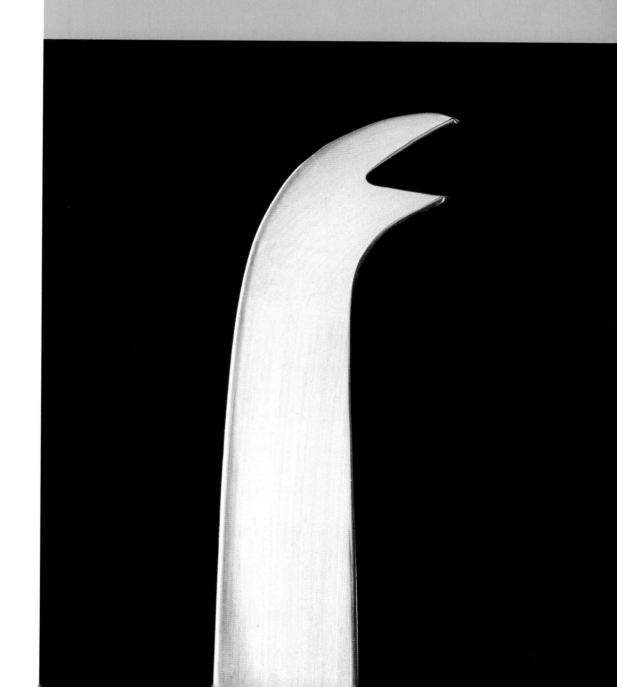

ENSALADA TRICOLOR DE TOMATES CEREZA COCINADOS EN LA SARTÉN Y MOZZARELLA
CON GUACAMOLE, ACEITE DE ALBAHACA Y CHIPS DE MAÍZ

La ensalada tricolor es uno de los misterios de la cocina (al menos para mí). Parece extraño que esta ensalada clásica esté presente en casi todos los cafés italianos de Londres y, sin embargo, el aguacate y la mozzarella constituyan una combinación tan extraña (no es precisamente la que crearían los grandes chefs italianos del pasado). A pesar de todo, y aunque yo siga dándole vueltas, funciona. Y para mí, un dedicado exponente de la cocina de la fusión, eso es mucho.

1 cucharada de aceite de oliva virgen extra

2 puñados de tomates cereza

600 g de mozzarella a temperatura ambiente cortada en trozos no muy pequeños

400 g de chips de maíz de la mejor calidad

para el aliño de albahaca

1 puñado de hojas de albahaca

2 cucharadas de aceite de aguacate

sal

para el guacamole

3 aguacates maduros

2 cucharadas de aceite de aguacate

2 cucharadas de zumo de lima recién exprimido

1 guindilla roja suave, cortada muy fina (más o menos cantidad al gusto)

1 puñado de cilantro fresco cortado a trozos grandes

2 cebollas tiernas a rodajas finas

Caliente una sartén grande a fuego fuerte hasta que humee. Añada el aceite de oliva y los tomates, y saltéelos durante 30 segundos. Mueva la sartén con suavidad y deje que los tomates se cuezan 2 minutos más, hasta que las pieles empiecen a adquirir color y algunas se partan. Apague el fuego y deje que los tomates se enfríen en la sartén.

Prepare el aliño de albahaca. Para ello, pique las hojas e introdúzcalas en un tarro con la mitad del aceite de aguacate y dos pizcas de sal. Agite bien y conserve el recipiente en un lugar cálido, a ser posible con sol directo, durante 10 minutos.

Para preparar el guacamole, corte los aguacates por la mitad, deshuéselos y pélelos. El mejor modo consiste en extraer la carne con una cuchara grande de postre. Introduzca la carne en un cuenco y añada el resto de ingredientes. A continuación, aplástelos con un tenedor o un pasapurés, salpimente y vuelva a mezclar.

Para servir, ponga una gran cucharada de guacamole en cada uno de los cuatro platos, añada un cuarto de la mozzarella al lado del guacamole y los tomates con su jugo al otro lado. Aliñe con la preparación de albahaca y disponga los chips de maíz entre el guacamole.

ENSALADA DE QUESO DE CABRA EMPANADO, TOMATES CEREZA, JUDÍAS VERDES, GUISANTES Y DIENTE DE LEÓN CON ALIÑO DE MANZANA Y JENGIBRE

El queso de cabra resulta ideal cuando se reboza y se sirve caliente. Aunque su textura resulte algo seca, se ablanda cuando se calienta y posee una acidez natural que combina a la perfección con el dulzor de los tomates y los guisantes. El jengibre del aliño no constituye precisamente una combinación tradicional (casi ninguna de las que yo preparo es tradicional), aunque sus cualidades aromáticas realzan y contrastan con el queso. Si encuentra el pan rallado japonés denominado panko, *pruébelo (posee una textura fantástica), aunque el normal también proporciona buenos resultados.*

Salpimente la harina y enharine las piezas de queso. A continuación, pase las porciones por el huevo batido y cúbralas bien. Consérvelas en el frigorífico hasta que las necesite.

Prepare el aliño de manzana y jengibre. Si lo desea, puede pelar la manzana, aunque yo no lo hago. Retire el corazón y corte la manzana en dados pequeños, de aproximadamente 5 mm. Introduzca los trozos en una sartén pequeña con el jengibre y el zumo de manzana o la sidra, y lleve a ebullición; deje que el líquido se reduzca dos tercios. Vierta el vinagre y pruébelo: si está demasiado ácido, añada un poco de miel, jarabe de arce o azúcar. Deje enfriar el aliño.

Corte los tomates por la mitad y mézclelos con el aceite de oliva o de aguacate y un poco de sal y pimienta.

Caliente una sartén lo suficientemente grande para que quepa todo el queso; cuando empiece a humear, añada unas cucharadas de aceite vegetal e incorpore los trozos de queso. Fríalos hasta que estén dorados por ambos lados. Si las piezas son muy gruesas, también puede freír los lados. Para ello, páselos por la sartén antes de freír por la parte superior e inferior.

Para servir, mezcle los tomates, las judías, los guisantes y las hojas de diente de león con la mitad del aliño de manzana y distribúyalo todo en 4 platos. Disponga una o dos piezas de queso caliente por encima y añada el resto del aliño.

2 cucharadas de harina

sal y pimienta negra recién molida

4 rodajas de queso de cabra, cada una de 150 g aproximadamente (o bien 8 de 75 g cada una), recién sacadas del frigorífico

1 huevo ligeramente batido

pan rallado para rebozar

3 puñados de tomates cereza

1 cucharada de aceite de oliva virgen extra o de aguacate

aceite vegetal para freír

2 puñados grandes de judías verdes, blanqueadas y refrescadas en agua helada

2 puñados grandes de guisantes, blanqueados y refrescados en agua helada

2 puñados de hojas de diente de león (o cualquier tipo de hoja ligeramente amarga, como escarola, escarola de Batavia, *lollo rosso* o incluso achicoria de Treviso)

para el aliño de manzana y jengibre

1 manzana ácida (por ejemplo, Granny Smith)

1 trozo de jengibre pelado, cortado en juliana fina o rallado

240 ml de zumo de manzana o sidra

1 cucharada de vinagre de sidra

un poco de miel, jarabe de arce o azúcar al gusto (opcional)

ENSALADA DE CALABACÍN AMARILLO, GARBANZOS, CEBOLLA ROJA, GUINDILLA, BERROS Y FETA
CON ALIÑO DE CREMA ACIDIFICADA Y ALBAHACA

Los calabacines amarillos poseen un color encantador, de modo que alegran fácilmente cualquier plato. Si no los encuentra, utilice los normales, pero asegúrese de que sean muy frescos.

Yo tengo la costumbre de cocer los garbanzos en casa, ya que prefiero una variedad española muy pequeña, aunque si no sabe cuánto tiempo hace que tiene los garbanzos en casa, le recomiendo que compre un bote de garbanzos ya cocidos de buena calidad. Se ahorrará mucho tiempo.

Para este plato utilizo mucho aceite de oliva, ya que forma parte del aliño, pero si sigue una dieta baja en grasas, utilice una sartén antiadherente para cocer la cebolla y reduzca la cantidad de aceite (¡aunque el plato no resultará tan delicioso!). Se trata de un plato perfecto para servir a temperatura ambiente, nunca recién sacado del frigorífico si lo ha preparado con antelación.

5 cucharadas de aceite de oliva virgen extra

3 cebollas rojas grandes, a rodajas finas

4 dientes de ajo, a rodajas finas

1 guindilla roja un poco picante, cortada en aros muy finos (retire las semillas si desea que no sea tan picante)

2 cucharaditas de hojas de tomillo fresco

4 cucharadas de zumo de limón recién exprimido

1 cucharadita de ralladura de limón

600 g de garbanzos cocidos, escurridos y pasados por agua si son de bote

1 puñado de perejil

250 g de queso feta cortado en trozos pequeños

4 calabacines amarillos medianos, con los extremos recortados

sal

2 puñados de berros

para el aliño de albahaca y crema acidificada

1 taza de hojas de albahaca

½ cucharadita de azúcar

3 cucharadas de crema acidificada

Caliente el aceite, a excepción de 1 cucharada, en una sartén grande y rehogue las cebollas alrededor de 5 minutos. Remueva de vez en cuando. Incorpore el ajo, la guindilla y el tomillo, y continúe la cocción hasta que las cebollas estén caramelizadas. Añada el zumo y la ralladura de limón, y, a continuación, los guisantes, y cueza todo durante 4 minutos más, removiendo con frecuencia para asegurarse de que nada se adhiera al fondo. Retire la sartén del fuego y vierta el contenido en un cuenco. Cuando esté tibio, mezcle con el perejil y el feta y resérvelo.

Para el aliño de albahaca y crema acidificada, introduzca la albahaca y el azúcar en un mortero y redúzcalos a una pasta; a continuación, incorpore la crema y 1 cucharada de agua fría, y salpimente ligeramente. Como alternativa, pique las hojas de albahaca y mézclelas con el azúcar, la crema, el agua, la sal y la pimienta.

Pele los calabacines en tiras finas con un pelador. Empiece a pelar por un lado hasta que llegue al centro, y proceda después por el lado contrario. Finalmente, corte los lados. La finalidad radica en que cada tira conserve un poco de piel amarilla. Lleve a ebullición una cacerola con agua con sal y añada los calabacines; remueva suavemente, cuente hasta 20, escúrralos y enjuáguelos bajo el grifo, para acabar escurriéndolos de nuevo.

Para servir, disponga las tiras de calabacín alrededor del borde exterior de los platos y coloque el berro en el centro. Distribuya la ensalada de garbanzos sobre los berros. Sirva aparte el aliño de albahaca y deje que sus invitados tomen el plato como prefieran.

ENSALADA DE «KUMARA» (BONIATO), RICOTTA ASADA ESPECIADA, ESPINACAS Y UVAS AL HORNO CON ALIÑO DE ACEITUNAS Y ALCAPARRAS

400 g de ricotta

½ cucharadita de pimentón dulce o suave

¼ de cucharadita de semillas de comino

¼ de cucharadita de canela en polvo

2 cucharadas de aceite de oliva virgen extra

sal marina y pimienta negra recién molida

600 g de *kumara* o boniato, pelado

4 cucharadas de agua caliente

300 g de uvas

2 cucharadas de melaza de granada

3 cucharadas de aceite de pepitas de uva
(o un aceite vegetal ligero o de oliva)

1 cucharadita de salsa de soja

2 puñados de aceitunas deshuesadas,
picadas groseramente

2 cucharadas de alcaparras muy pequeñas,
enjuagadas

12 hojas de menta, a tiritas

2 cucharadas de cebollino, troceado

400 g de espinacas baby

La kumara *es un boniato originario de Nueva Zelanda. La introdujeron los maoríes procedentes de la isla de Rarotonga hace más de quinientos años. Es densa y dulce, aunque su dulzor es terroso y sabroso.*

La ricotta se encuentra en el mercado en una gama de calidades muy amplia. Las mejores tienden a presentar una textura granulosa y ligeramente desigual, aunque probablemente las únicas que encontrará serán muy regulares y perfectas para hornear, pero no las mejores para tomar en crudo.

Caliente el horno a 180°C y forre una placa con papel sulfurizado. Corte la ricotta en trozos de 2 cm de grosor y dispóngalos sobre la placa. Mezcle el pimentón, el comino y la canela con 1 cucharadita de aceite de oliva y unte el queso con esta mezcla. Aderece con sal marina y hornee durante 15 minutos; transcurrido este tiempo, saque la placa del horno y déjela enfriar. Suba la temperatura del horno a 200°C.

Corte la *kumara* en cuñas largas y finas y dispóngala en una fuente refractaria, añada el agua caliente, salpimente e incorpore el resto del aceite de oliva. Hornee hasta que el boniato esté tierno (podrá introducir fácilmente un cuchillo afilado en el punto más grueso) y retírelo del horno.

Mientras tanto, disponga las uvas en una fuente refractaria y añada la melaza de granada, el aceite de pepitas de uva y la salsa de soja. Hornee durante 20 minutos, retírelas cuando estén listas y déjelas enfriar.

Cuando todo esté a temperatura ambiente, vierta el zumo de las uvas horneadas en un cuenco y añada las aceitunas, las alcaparras, la menta y el cebollino.

Para servir, mezcle las espinacas con la mitad del aliño anterior y distribúyalas en 4 platos. Coloque por encima trozos de *kumara* y, a continuación, la ricotta. Reparta las uvas y vierta el resto del aliño.

ENSALADA DE ALCACHOFA, ESPÁRRAGOS SILVESTRES, VERDOLAGA Y ACEITUNAS SOBRE «BRUSCHETTA» CON MOZZARELLA Y SALSA DE TOMATILLO

Los espárragos silvestres presentan un precioso tono verde y poseen un sabor herbáceo muy agradable. Si tiene problemas para encontrarlos, utilícelos de tarro o de lata. La mozzarella que utilicé para este plato era realmente deliciosa (y de precio elevado, ya que llegó en avión desde Nápoles el día anterior). Constituyó una experiencia gustativa que el fotógrafo Jean Cazals afirmó no haber vivido antes, pero que le gustaría repetir a menudo. Los tomatillos se pueden cambiar por tomates, aunque recomiendo que los elija un poco verdes para que aporten textura.

En primer lugar, prepare las alcachofas. Dispóngalas en una cacerola lo suficientemente grande para poder distribuirlas en una sola capa (una freidora de 30 cm de profundidad es un tamaño adecuado). Machaque 4 dientes de ajo con la hoja plana de un cuchillo y colóquelos entre las alcachofas, junto con el tomillo y la hoja de laurel. Pele uno de los limones y exprímalo; añada la piel y el zumo a la sartén con un poco de sal. Incorpore todo el aceite de oliva, excepto 2 cucharadas, a la sartén; añada agua suficiente hasta cubrir casi por completo las alcachofas y lleve a ebullición. Coloque un cartucho de papel o un plato del tamaño adecuado sobre las alcachofas con el fin de mantenerlas sumergidas y baje el fuego; continúe la cocción hasta que pueda introducir una broqueta en la parte más gruesa de una alcachofa (aproximadamente, 15 minutos). Retire el cartucho o el plato y deje cocer durante 2 minutos más; retire la cacerola del fuego y deje enfriar. Cocinadas de este modo, las alcachofas se pueden conservar tapadas en el frigorífico hasta cinco días (el aceite marinado que se forma resulta un aliño excelente para las ensaladas).

Pele los tomatillos y páselos por agua; elimine el centro y córtelos en dados de 1 cm. Con un cucharón, extraiga dos cacitos del fondo de cocción de las alcachofas y añádalo a los tomatillos, junto con el zumo del limón restante, sal y pimienta negra recién molida. Deje macerar 5 minutos e incorpore la menta.

Lleve a ebullición una cacerola con agua y añada los espárragos silvestres; cuando vuelva a romper el hervor, cuézalos durante 45 segundos. Escúrralos y refrésquelos con agua muy fría (añada algunos cubitos de hielo).

Prepare las *bruschetta*. Para ello, tueste las rebanadas de pan y úntelas con el resto del ajo; alíñelas con el aceite reservado.

Para servir, disponga una *bruschetta* en un plato y encima de ésta, una alcachofa. Reparta los espárragos silvestres alrededor, junto con las hojas para ensalada y las aceitunas. Distribuya la mozzarella dentro de la alcachofa y vierta la salsa por encima.

4 alcachofas grandes, preparadas tal y como se ha indicado en la página 42

5 dientes de ajo

1 puñado de tomillo fresco

1 hoja de laurel

2 limones

un poco de sal y pimienta negra recién molida

200 ml de aceite de oliva virgen extra

2 tomatillos grandes

1 puñado pequeño de menta cortada a trozos grandes

300 g de espárragos silvestres sin la parte inferior del tallo

4 rebanadas finas de pan de payés o similar

1 puñado de verdolaga o de otras hojas adecuadas para ensalada

1 puñado grande de aceitunas (he utilizado la variedad Lucques Royal, de la Provenza, crujientes y sin pasteurizar)

600 g de mozzarella de la mejor calidad (he utilizado la mitad de un queso de 300 g por porción)

ENSALADA TIBIA DE PERA ASADA, ALMENDRAS TOSTADAS A LA PIMIENTA DE SICHUAN, CEBOLLAS ROJAS AL VINAGRE BALSÁMICO, CANÓNIGOS Y ALIÑO DE GORGONZOLA

Las peras y el queso azul constituyen una de esas combinaciones clásicas que resultan ideales. Esta ensalada adopta esa idea y aporta algunos sabores y texturas. Se trata de un plato perfecto para el otoño, por ejemplo, después de un caldo vegetal ligero y antes de una tarta tibia de frutas con crema acidificada.

3 cebollas rojas medianas cortadas en aros de 1 cm de grosor

1 cucharada de romero, orégano o tomillo (hojas) frescos

3 cucharadas de vinagre balsámico

125 ml de aceite de oliva virgen extra

4 cucharadas de agua hirviendo

sal y pimienta negra recién molida

2 puñados de almendras enteras, con o sin piel

½ cucharadita de pimienta de Sichuan recién molida y tamizada

1 cucharada de azúcar blanquilla

150 g de gorgonzola

4 peras maduras grandes (las crujientes quedan mejor)

400 g de canónigos

Caliente el horno a 220°C. Mezcle los aros de cebolla y las hierbas, y dispóngalos en una fuente refractaria del tamaño suficiente para que no queden apretados. Aderece con el vinagre balsámico, el aceite de oliva (excepto 1 cucharada) y el agua hirviendo. Salpimente ligeramente y tape bien la fuente con papel de aluminio. Hornee durante 50 minutos; transcurrido ese tiempo, compruebe la cocción. La cebolla y las hierbas se deben enfriar tapadas en la fuente, ya que gracias a su propio vapor se ablandarán y cambiarán de color. Tienen que perder casi por completo la textura y quedar tiernas. Si necesitan algo más de tiempo, vuelva a sellar la fuente y hornee otros 20 minutos. Deje enfriar a temperatura ambiente, escúrralas en un colador pequeño y reserve los jugos.

Baje el horno a 170°C, y forre una placa con papel sulfurizado. Mezcle las almendras con el resto del aceite, la pimienta de Sichuan, la mitad del azúcar y un poco de sal. Hornee todo hasta que esté dorado. Dé la vuelta a los ingredientes cada 5 minutos, durante un tiempo aproximado de 15-20 minutos. Retire la placa del horno y deje enfriar.

Prepare el aliño. Para ello, vierta los jugos de las cebollas y las hierbas que había reservado en una sartén pequeña con el gorgonzola; caliéntelo ligeramente, sin dejar de remover, para deshacer el queso.

Caliente el grill. Corte las peras en láminas de 1 cm de grosor, aproximadamente (retire las semillas con un cuchillo afilado), y dispóngalas en una placa forrada con papel de aluminio y ligeramente untada de aceite. Colóquela bajo el grill y deje que las peras se caramelicen; a continuación, déles la vuelta, espolvoree por encima el resto del azúcar y deje que acaben de cocerse. Retírelas del grill.

Para servir, reparta la mitad de las peras en 4 platos y disponga por encima los canónigos. Añada el resto de las peras, las almendras y las cebollas, y vierta el aliño.

El haloumi es un queso muy firme típico de Chipre, Grecia y Turquía, que tiene tendencia a dar dentera si se come un trozo demasiado grueso (¡es casi como morder un pedazo de goma dura!). Sin embargo, no debe preocuparse, ya que una vez asado o frito resulta delicioso. Mis amigos Tarik y Savas, propietarios de un restaurante changa en Estambul, siempre ponen en remojo las porciones de queso antes de cocinarlas. De este modo se ablandan y adoptan una textura semejante a la de la mozzarella.

Compre castañas de agua enlatadas de una marca fiable y enjuáguelas bien con agua fría antes de utilizarlas. Los tomates madurados y secados al sol resultan más jugosos que los secos, y casi siempre mucho más dulces, ya que algunos productores los espolvorean con azúcar antes de ponerlos al sol para que adquieran color.

Vierta en una fuente refractaria 5 cm de agua caliente y disponga los trozos de haloumi en una sola capa. Consérvelos a temperatura ambiente de 2 a 6 horas, o durante toda la noche en el frigorífico.

Corte la guindilla en aros finos e introdúzcalos en una sartén pequeña con el ajo y la mitad del aceite de oliva. Caliente la sartén y deje que se cuezan a fuego lento durante 2 minutos (no es conveniente que el ajo tome demasiado color, sino que los sabores se mezclen). Retire la sartén del fuego, vierta el contenido en un tarro pequeño, añada el resto del aceite y el vinagre y reserve este aliño.

Lleve a ebullición una cacerola grande con agua e introduzca la mitad de las espinacas. Cuente hasta 15 y páselas por el colador inmediatamente; refrésquelas en un cuenco grande con agua fría. Elimine el exceso de agua y corte el resto de las espinacas con un cuchillo afilado.

Llene un recipiente de 1 litro con agua fría, añada el zumo de limón y una cucharadita de sal, y disuélvala. Escurra las castañas e introdúzcalas en el agua con limón.

Saque el haloumi del agua y séquelo con papel de cocina. Caliente una sartén y añada unas cucharadas de aceite de oliva; fría el haloumi hasta que esté dorado por ambos lados. Retírelo de la sartén y distribúyalo en 4 platos.

Saque las espinacas blanqueadas y sepárelas un poco con los dedos; dispóngalas en un cuenco con las espinacas picadas, los gajos de naranja, las avellanas y los tomates. Corte las castañas de agua en rodajas de 5 mm de grosor e incorpórelas al cuenco. Remueva el aliño de guindilla y vierta la mitad sobre la ensalada de espinacas con un poco de sal; mezcle bien todo. Distribuya la preparación entre los 4 platos, aliñe con el resto de la guindilla y adorne con unas hojas de eneldo.

ENSALADA DE HALOUMI FRITO CON GUINDILLA, ESPINACAS, CASTAÑAS DE AGUA, AVELLANAS, NARANJA Y TOMATES AL SOL

500 g de haloumi cortado en porciones de 1 cm

1 guindilla roja (este plato resulta ideal un poco picante, aunque yo, personalmente, prefiero que pique bastante)

1 diente de ajo, finamente picado o majado

6 cucharadas de aceite de oliva virgen extra

3 puñados grandes de espinacas de hoja grande, sin tallos si son muy duros

zumo de 1 limón

sal

20 castañas de agua

aceite de oliva para freír

2 naranjas cortadas en gajos (*véase* pág. 150)

1 puñado pequeño de avellanas, ligeramente tostadas y peladas

150 g de tomates secados al sol

2 puñados de ramitas de eneldo

ENSALADA DE MEMBRILLO ESPECIADO, COGOLLOS, PACANAS ASADAS, RICOTTA FRESCA Y «EDAMAME» CON ALIÑO DE VINO CON ESPECIAS

500 ml de vino tinto (utilice uno intenso, como shiraz, pinotage o pinot noir)

150 g de azúcar sin refinar

zumo de 1 limón y ½ piel

1 guindilla roja (no muy picante) partida por la mitad

1 trozo de canela en rama de unos 5 cm

4 granos machacados de pimienta de Jamaica

2 membrillos

copos de sal marina

300 g de *edamame* (*véase* párrafo inicial) en su vaina (fresco o congelado)

1 cebolla roja pequeña

3 cucharadas de aceite de oliva virgen extra

3 cogollos

40 pacanas tostadas

250 g de ricotta de la mejor calidad

Los membrillos marcan el final del verano, y su textura es más firme y menos jugosa que las frutas de hueso que los preceden. Sin embargo, con una cocción lenta desarrollan una textura y un sabor exquisitos. Los membrillos son frutos extraños, ya que pueden tardar muchísimo tiempo en cocerse si se comparan con las peras, y adquieren una textura muy blanda cuando se acaban de cocer y firme cuando se enfrían.

Esta ensalada basa su atractivo tanto en el contraste de texturas como en su sabor, gracias a la textura crujiente de los frutos secos y las edamame *(judías de soja fresca) frente a la ricotta «granulada» (por eso es tan importante utilizar un queso de primerísima calidad). Evite el tipo de queso cremoso que se ofrece en todos los supermercados. Para aportar más variedad, intente encontrar un queso a base de leche de oveja o de cabra.*

Ponga el vino, el azúcar, la piel de limón, la guindilla y las especias en una cacerola grande (donde quepan los membrillos). Pele los membrillos y córtelos por la mitad. Con un cuchillo pequeño o un vaciador para hacer bolas de melón, retire el corazón, corte cada mitad en dos trozos e introdúzcalos en la cacerola. Añada la suficiente agua caliente, suficiente de manera que los membrillos floten a 2 cm del fondo, y coloque un plato adecuado por encima para mantenerlos sumergidos. lleve a ebullición, baje el fuego y déjelos cocer durante 1 hora. Vigílelos para asegurarse de que permanezcan sumergidos en el líquido; si es necesario, añada agua caliente. Estarán listos cuando pueda introducir fácilmente un cuchillo en la carne. Déjelos enfriar con el líquido y consérvelos tapados en el frigorífico. Si se mantienen sumergidos, se conservarán durante 2 semanas.

lleve a ebullición una cacerola grande con agua con sal e incorpore las *edamame* con las vainas. Si están congeladas, cuézalas durante 4 minutos; si son frescas, bastará con 3 o 4 minutos (tendrá que comprobar la cocción pasados 3 minutos). Escurra las *edamame* en un colador y refrésquelas bajo el grifo durante 3 minutos (o introdúzcalas en un cuenco con agua helada). Una vez fríos, extraiga los granos con las manos. Corte la cebolla roja en aros finos (una mandolina resulta perfecta para esta operación) y manténgala 1 minuto bajo el grifo; a continuación, sumérjala en un cuenco con agua helada para que quede firme y resérvela.

Para preparar el aliño, corte los membrillos en cuñas y mezcle 150 ml del líquido de cocción con el aceite de oliva y el zumo de limón.

Para servir, escurra los aros de cebolla y séquelos. Reparta la mitad de las hojas de lechuga entre cuatro platos y disponga el resto en un cuenco con el membrillo, las *edamame*, la mitad de los aros de cebolla y las pacanas. Aderece con la mitad del aliño y mézclelo todo con cuidado; a continuación, vierta esta mezcla sobre las hojas de lechuga de los platos. Incorpore la ricotta, distribuya el resto de los aros de cebolla y aderece con un poco de sal. Vierta el resto del aliño.

ENSALADA DE HIGOS, ALMENDRAS, CANÓNIGOS, TOMATES AMARILLOS, QUESO LANCASHIRE Y JUDÍAS

Un higo dulce y maduro gracias a la acción del sol ofrece uno de los grandes placeres del verano. Los higos me recuerdan a mis vacaciones en Turquía, España y Francia (y a los calurosos veranos de Melbourne). Un queso firme y algo terroso resulta perfecto para combinar con los higos (el Lancashire responde a esa descripción, aunque también puede preparar el plato con un pecorino tierno, un manchego o un cheddar; en este último caso, evite por todos los medios las lonchas cortadas de origen dudoso, ya que no aportarán ninguna textura a la ensalada).

Los canónigos quedan perfectos en ensalada y poseen un sutil sabor dulce; si no los encuentra, utilice espinacas baby, verdolaga o lechuga baby de hoja de roble.

Disponga los higos en un plato llano, corte los extremos duros y practique varios cortes con forma de cruz que partan desde la parte superior y que desciendan hasta la inferior. Ábralos con cuidado. Mezcle la miel con el zumo de limón para disolverla y salpimente. Vierta esta mezcla sobre los higos y déjelos macerar durante 20 minutos.

Para servir, distribuya los canónigos en 4 platos y disponga por encima las judías y las rodajas de tomate; salpimente con generosidad. Ponga un higo (o 2 pequeños) en cada plato. Reparta las almendras y el queso desmenuzado por encima. Si el queso es duro, utilice un pelador para cortar virutas; si se desmenuza, córtelo con un cuchillo afilado o simplemente con las manos. Vierta sobre la ensalada la mezcla de limón y miel que haya quedado en el plato después de macerar los higos y riegue con el aceite de oliva.

4 higos grandes u 8 pequeños maduros

1 cucharada de miel clara (pruebe la de lavanda o tomillo)

zumo de 1 limón jugoso

sal y pimienta negra recién molida

300 g de judías verdes y amarillas, blanqueadas y refrescadas en agua helada

8 tomates amarillos grandes cortados en rodajas de 1 cm

2 puñados grandes de canónigos

2 puñados de almendras saladas y ligeramente tostadas (yo he utilizado la variedad española Marcona (uno de mis aperitivos favoritos)

200 g de queso Lancashire

4 cucharadas de aceite de oliva virgen extra

Ensaladas de pescado y marisco con productos crudos o cocinados, ahumados o encurtidos

ENSALADA DE LANGOSTA, AGUACATE, POMELO Y JENGIBRE CON ALIÑO DE ROQUETA SILVESTRE Y CEBOLLINO

Al igual que el bogavante, la langosta es un producto tan exclusivo que sólo se puede tomar de forma ocasional. No obstante, recuerdo muy bien aquellas ocasiones en las que, siendo un niño, mi abuelo salía a pescar langostas con sus compañeros y regresaba a casa desde Ngawi (el punto casi más meridional de la Isla del Norte neozelandesa) con veinte o treinta ejemplares. Nos atiborrábamos de langosta y después pasábamos una semana sin probarla.

Puede comprar langostas o bogavantes crudos y cocerlos en casa o bien adquirirlos ya cocidos, lo que le ahorrará trabajo (aunque debe asegurarse de comprar ejemplares que se hayan cocido ese mismo día, y no una semana antes). Para cocer una langosta, véase pág. 140. Si no puede comprar langostas o bogavantes, utilice gambas cocidas (unos 180 g por persona).

1 trozo de jengibre muy fresco y tierno del tamaño del dedo pulgar (si la piel es demasiado oscura, es mejor que utilice jengibre ya preparado para sushi, también denominado *gari*, que se comercializa en establecimientos japoneses)

2 cucharadas de zumo de lima fresca (o 3 cucharadas de zumo de limón)

2 cucharadas de *mirin* (o 2 cucharadas de azúcar blanquilla)

sal y pimienta negra recién molida

3 pomelos grandes cortados en gajos (*véase* pág. 150); reserve todo el zumo

3 aguacates

1 puñado grande de roqueta silvestre

4 langostas o bogavantes, cada uno de 400 g aproximadamente, cocidos (*véase* pág. 140)

para el aliño de cebollino

2 cucharadas de cebollinos, finamente cortados

2 cucharadas de aceite de oliva ligero

1 cucharada de aceite de aguacate

Corte el jengibre en rodajas con la mandolina o un cuchillo muy afilado; a continuación, corte las rodajas en juliana muy fina. Añada el zumo de lima, el *mirin* y dos pizcas de sal, y déjelo macerar durante 10 minutos; adoptará un tono rosado y perderá el toque crudo.

Corte el pomelo en gajos y añada al jengibre el zumo que se desprenda durante esta operación. Introduzca los gajos en un cuenco pequeño. Corte los aguacates por la mitad, extraiga el hueso y la carne en una pieza ayudándose de una cuchara grande; a continuación, córtela en cuñas generosas.

Para preparar el aliño de cebollinos, mézclelos con los aceites y aderece con un poco de pimienta negra.

Para servir, distribuya la roqueta y el aguacate en cuatro platos y disponga encima la carne de langosta; a continuación, añada los gajos de pomelo y el jengibre con su líquido. Aliñe con la preparación de eneldo y mezcle bien todos los ingredientes.

«IKA MATA»: ENSALADA DE PESCADO CRUDO DE RAROTONGA CON COCO, PAPAYA Y GUINDILLA

En Rarotonga, una de las islas Cook (en el océano Pacífico, al norte de Nueva Zelanda), existe un plato denominado ika mata. *Consiste básicamente en pescado crudo marinado en leche de coco y zumo de cítricos. En esta ocasión lo he combinado con papaya y guindilla para conferirle una nota picante y dulzona. Este plato resulta perfecto para una comida estival, acompañado de una ensalada verde de textura crujiente. Utilice un pescado blanco firme, como el pargo, el bacalao o la lubina. Aunque las islas deben su nombre al capitán Cook, él nunca las visitó, sino que pasó de largo.*

800 g de filetes limpios de pescado
(*véase* párrafo inicial)

120 ml de zumo de lima o 150 ml de zumo de limón

1 cebolla roja mediana, a rodajas finas y enjuagada con agua fría

sal marina (es preferible a la sal gema)

1 papaya mediana madura, de unos 400-500 g, pelada, partida por la mitad y sin semillas

1 guindilla roja cortada en aros finos (más o menos al gusto)

200 ml de leche de coco (sin azúcar)

4 cebollas tiernas, a rodajas finas

1 puñado grande de hojas de cilantro

Corte el pescado en trozos de 1 cm de grosor, aproximadamente, y dispóngalo en una fuente refractaria. Añada la mitad del zumo de lima o de limón, la cebolla roja y un cuarto de cucharadita de sal, y mezcle todo cuidadosamente. Tape y deje marinar en el frigorífico durante 20 minutos.

Transcurrido este tiempo, elimine el exceso de líquido y deséchelo. Corte la carne de la papaya en trozos del mismo tamaño que el pescado. Incorpórela con el pescado junto con el resto del zumo, un poco más de sal, la guindilla y la leche de coco, y reserve todo en el frigorífico otros 15 minutos más.

Finalmente, mezcle las cebollas y el cilantro, pruébelo y rectifique el aliño, si fuese necesario. Sirva muy frío.

ENSALADA DE CALAMARES, CALABAZA ASADA, CACAHUETES, LIMA, CILANTRO Y GUINDILLA

1 calabaza de San Roque grande, de unos 700-800 g

3 cucharadas de aceite de cacahuete (o de cualquier otro aceite para cocinar)

2 cucharadas de salsa de soja

sal y pimienta negra recién molida

750 g de calamares (peso en limpio)

1 puñado de verduras (yo he utilizado brotes de guisantes)

1 ramita pequeña de cilantro con las hojas en buen estado y los tallos cortados en trozos de 3 cm

gajos de lima para adornar (opcional)

para el aliño

1 puñado grande de cacahuetes blanqueados y tostados

1 guindilla roja picante, con las semillas, y más o menos picada según el gusto

2 dientes de ajo

3-4 limas (necesitará 1 cucharadita de piel recién rallada y 120 ml de zumo)

2 pizcas de sal

1 pieza grande de azúcar de palma (o 2 cucharadas de azúcar moreno de caña)

2 cucharaditas de salsa de pescado tailandesa

Los calamares son una fuente de proteínas inusuales por varias razones. Para empezar, su aspecto resulta extraño, y los ejemplares gigantes pueden crecer tanto que son capaces de atacar a los cachalotes (de los que son, a su vez, su comida favorita). Para que resulten comestibles es preciso cocerlos muy poco a fuego fuerte o durante mucho tiempo a fuego lento. Limpiar calamares constituye una de esas tareas de cocina agradables, aunque también puede comprarlos limpios. Utilice la cabeza, las aletas y los tentáculos, y deseche las membranas y los intestinos. Recuerde que un calamar grande tardará mucho más tiempo en cocerse que uno pequeño, y que resultará más fácil cortar en trozos un ejemplar grande antes de cocinarlo.

Caliente el horno a 180°C. Pele la calabaza, córtela por la mitad a lo largo y extraiga las pepitas. Corte la carne en trozos de 2-3 cm y mézclelos con el aceite de cacahuete, la salsa de soja y un poco de pimienta negra recién molida. Viértalo todo en una fuente refractaria y añada unas cucharadas de agua caliente; hornee hasta que esté cocida. Vaya removiendo cuando transcurran 20 minutos. La calabaza estará lista cuando pueda introducir fácilmente en la carne la punta de un cuchillo. Saque la fuente del horno y déjela enfriar.

Mientras se cuece la calabaza, lleve a ebullición una cacerola grande con agua con sal y blanquee el calamar. Introduzca primero las piezas más gruesas (si es un calamar grande, serán los tentáculos; si es pequeño, empiece con el cuerpo) y cuente hasta 20; a continuación, incorpore las partes más blandas y cuente hasta 30. Pase el calamar por un colador y déjelo escurrir. Si los calamares que utiliza son muy pequeños, sólo tendrá que cocerlos durante 30 segundos.

A ser posible, prepare el aliño en un mortero, aunque un robot de cocina pequeño (o incluso un buen cuchillo) también le servirá. Introduzca los cacahuetes en el mortero y aplástelos un poco; páselos a un cuenco pequeño. No limpie el mortero; incorpore la guindilla, el ajo, la ralladura de lima, sal y azúcar, y maje todo hasta formar una pasta. Incorpore la salsa de pescado y el zumo de lima. Pruebe y rectifique el aderezo, y viértalo en un cuenco grande. Corte los calamares e incorpórelos al aliño con la mitad de los cacahuetes y los tallos de cilantro; mezcle bien todo.

Para servir, distribuya la calabaza en cuatro platos, añada las verduras y, a continuación, los calamares. Asegúrese de repartir el aliño de manera uniforme. Por último, añada el resto de los cacahuetes y las hojas de cilantro. Si lo desea, adorne con un trozo de lima a un lado.

ENSALADA DE SALMÓN AHUMADO, AGUACATE, ESPÁRRAGOS, JUDÍAS «BORLOTTI» Y PERIFOLLO CON ACEITE DULCE DE AGUACATE A LA GUINDILLA

El salmón ahumado de esta receta difiere bastante del comercial, ya que se cocina con el calor generado por el humo al mismo tiempo que se está ahumando. El proceso de ahumado del salmón comercial puede durar hasta 36 horas, mientras que en este caso sólo 15 minutos; además, el ahumado será más pronunciado. El salmón ahumado en caliente de esta receta posee la textura del pescado asado en lugar de las lonchas flexibles que todos conocemos, hecho que lo convierte en un ingrediente perfecto para ensaladas y pastas. Al final de la receta incluyo una técnica para ahumar salmón, aunque es posible que prefiera comprarlo ya preparado.

El aceite de guindilla sobrante se puede conservar en la nevera hasta seis meses; utilícelo para aderezar asados y ensaladas o incluso para freír huevos.

Sumerja las judías y las hierbas en una cacerola grande con ½ cucharadita de sal. Cubra los ingredientes con abundante agua fría y lleve a ebullición; baje el fuego y déjelos cocer durante 20-30 minutos, hasta que las judías estén tiernas. Déjelas enfriar en el líquido.

Mientras tanto, ponga las guindillas y el azúcar en un mortero o picadora pequeña y redúzcalos a una pasta; añada un poco de vinagre si lo cree conveniente. Vierta la pasta y el resto del vinagre en un cazo pequeño y déle un hervor; continúe la cocción hasta que se haya evaporado casi todo el vinagre. Incorpore el aceite y caliéntelo un poco; a continuación, aparte del fuego. Deje que se enfríe y viértalo en un tarro de 400 ml.

Corte los aguacates por la mitad, extraiga los huesos y retire la carne de una sola pieza con una cuchara grande. Córtela en dados o en cuñas.

Para servir, disponga las yemas de espárragos y las hojas para ensalada en los platos. Coloque encima el aguacate, y desmenuce a continuación el salmón. Escurra las judías y distribúyalas junto con el perifollo; aliñe con el zumo de limón, sal y pimienta recién molida, y rocíe con el aceite (o deje que sus invitados se sirvan).

500 g de judías *borlotti* desgranadas (necesitará alrededor de 1,5 kg de judías con vaina)

1 puñado pequeño de hierbas aromáticas (tomillo, orégano, salvia y romero, por ejemplo)

sal en copos y pimienta recién molida

2 guindillas rojas picantes, groseramente picadas

3 cucharadas de azúcar de palma rallado (o azúcar moreno de caña)

2 cucharadas de vinagre de sidra

350 ml de aceite de aguacate virgen extra (también puede emplear aceite de oliva)

2 aguacates

400 g de yemas de espárragos blanqueadas, sin los extremos leñosos (*véase* pág. 50)

2 puñados grandes de hojas para ensalada

600 g de filetes de salmón ahumado (*véase* inferior o comprado)

1 ramita pequeña de perifollo

zumo de 1 limón muy jugoso

PARA AHUMAR SALMÓN EN CASA

El mejor modo de ahumar en casa consiste en utilizar un *wok* o una sartén honda con una tapa que encaje bien. Si su cocina es eléctrica, tendrá que utilizar un *wok* o una sartén de fondo plano.

Disponga un filete de salmón de unos 600 g, sin espinas, en un plato llano. Aderécelo con 2 cucharadas de azúcar moreno, 2 de sal marina en copos, y 1 cucharadita de aceite de sésamo. Consérvelo a temperatura ambiente durante 30 minutos.

Forre el *wok* con dos capas de papel de aluminio a 90° entre sí, de manera que sobresalgan 30 cm. Coloque encima una taza de arroz crudo (de cualquier tipo), un puñado grande de hojas de té o astillas de madera sin tratar tan finas como las hojas, y otra cucharada de azúcar moreno. Presione firmemente en el fondo. Dentro del *wok*, introduzca un soporte que descanse en los lados a 4-5 cm de la base.

Retire el exceso de sal y azúcar del pescado. Active el extractor a la potencia máxima, abra las ventanas y cierre las puertas. Ponga el *wok* a fuego fuerte sin la tapa. Cuando el humo empiece a ascender, disponga el pescado en el soporte con la piel hacia abajo. Tape, cierre los «salientes» de papel de aluminio por encima de la tapa y coloque encima un paño húmedo (que ya no le sirva) para cubrirla por completo y evitar que el humo se disperse. Asegúrese de que el paño no cuelga por los lados, ya que podría prenderse fuego.

Transcurridos 3 minutos, baje el fuego a la mitad y siga el proceso de ahumado entre 7 y 12 minutos, dependiendo del grosor del pescado. Para probarlo, apague el fuego, retire el paño y el papel de aluminio y levante la tapa con mucho cuidado (saldrá mucho humo, de modo que es conveniente apartarse). Con un cuchillo pequeño, separe la parte más gruesa del pescado. La carne debe aparecer un poco opaca, pero rosada. Si tiene aspecto de estar completamente cruda, vuelva a repetir todo el proceso de ahumado; si está opaca, retire el pescado del soporte y déjelo enfriar en un plato.

Vierta una taza de agua fría sobre el arroz para enfriarlo; cuando haya perdido el calor, enrolle el papel de aluminio y deséchelo. ¡Es posible que a partir de este momento prefiera comprar el salmón ya ahumado!

ENSALADA TIBIA DE MEJILLONES VERDES, «HIJIKI», PATATAS, BERROS Y HABAS CON ALIÑO DE AZAFRÁN Y COMINO

Los mejillones verdes proceden de Nueva Zelanda. Son más grandes y carnosos que las variedades europeas. Si no los encuentra frescos, los congelados dan muy buenos resultados (aunque sólo hay que calentarlos un poco porque ya están cocidos). Si tampoco los encuentra, utilice la variedad que halle disponible en el mercado. Emplee el tipo de patata pequeña que prefiera, aunque entre mis favoritas para esta ensalada figuran la Anya, la Pink Fir y la Baby Pearl.

600 g de patatas pequeñas

sal y pimienta negra recién molida

800 g de habas (se obtendrán unos 300 g netos)

1,5 kg de mejillones verdes con las dos valvas (o 1 kg congelados con una sola valva)

2 cucharadas de aceite de oliva virgen extra

2 cebollas rojas medianas picadas

2 dientes de ajo picados

2 cucharadas de algas *hijiki* secas, remojadas 10 minutos en ½ taza de agua

125 ml de vino blanco seco o de caldo vegetal

2 puñados de berros cortados en trozos de unos 3 cm

3 cebollas tiernas cortadas en trozos de 1 cm

1 limón grande y jugoso cortado en gajos

para el aliño de azafrán y comino

3 cucharadas de aceite de oliva virgen extra

1 cucharadita de semillas de comino

2 buenas pizcas de azafrán remojadas en 1 cucharadita de agua tibia

Hierva las patatas en agua con sal hasta que estén tiernas; escúrralas (no las refresque), y cuando pueda manipularlas, córtelas por la mitad a lo largo. Hierva las habas en agua con sal durante 4-6 minutos, escúrralas y refrésquelas con agua fría. Vuelva a escurrirlas y desgránelas.

Mientras se cuecen las verduras, si los mejillones tienen todas las valvas, límpielos bien bajo el grifo y utilice un cuchillo romo para eliminar las barbas y las lapas. Deseche los que tengan las valvas rotas y los que se queden abiertos cuando les dé un golpecito.

Ponga una cacerola grande (con una tapa que encaje bien) a fuego fuerte, y cuando humee añada el aceite de oliva; a continuación, incorpore las cebollas y el ajo, y saltee todo hasta que la cebolla adquiera un ligero color. Añada las *hijiki* secas y los mejillones, y remuévalos bien. Incorpore el vino y tape. Continúe la cocción durante 3 minutos; mueva el recipiente en dos ocasiones. Destápelo y extraiga los mejillones que se hayan abierto; páselos a un cuenco y mantenga la cacerola al fuego hasta que se abran todos los mejillones (vaya sacándolos a medida que se abran). Los que no se hayan abierto transcurridos 5 minutos deben desecharse.

Cuando los mejillones se hayan enfriado, separe tres cuartos de las valvas y agréguelos a los que conservan la valva. Tape el cuenco con un paño o un film transparente para que conserven el calor durante unos minutos mientras prepara el plato.

Prepare el aliño de comino y azafrán. Para ello, vierta el aceite de oliva en una sartén pequeña a fuego medio, añada las semillas de comino y cuézalas hasta que adquieran un tono dorado; aparte la sartén del fuego e incorpore el azafrán y el líquido de remojo con 2 cucharadas del agua de cocción de los mejillones.

Para servir, introduzca todos los ingredientes en un cuenco grande a excepción del aliño y el limón; mézclelos bien y repártalos en cuatro cuencos. Vierta el aliño de azafrán y sirva con trozos de limón.

Las ensaladas de marisco me traen recuerdos de mi etapa de formación en Melbourne, cuando el colmo de la sofisticación consistía en servir marisco variado empapado de salsa rosa (que casi siempre era mayonesa con tomate). Esta ensalada es mucho más ligera, no lleva mayonesa (aunque tengo que admitir que me encanta) y ofrece un enfoque más moderno en cuanto al emplatado y la selección de ingredientes.

El hinojo marino es una planta marina con sabor a salmuera. Existen dos tipos, aunque si no puede encontrar ninguno (el de roca es preferible al de marisma, que no se parece mucho), utilice judías finas.

El marisco tiene que ser muy fresco; evite por todos los medios el congelado, aunque también debe estar preparado para sustituir ingredientes. En lugar de utilizar cigalas congeladas, es mejor optar por carne fresca de cangrejo o de langosta. Esté atento a los tiempos de cocción, ya que varían en función del tamaño de las piezas (cuanto más pequeñas, menos tiempo).

ENSALADA DE VIEIRAS, LANGOSTINOS Y CIGALAS CON HINOJO MARINO, BERENJENA ASADA, BONIATO, BERROS Y ALIÑO DE ALBAHACA

2 boniatos medianos con piel, cada uno de 250 g aproximadamente

sal

2 berenjenas medianas

2 cucharadas de aceite de oliva virgen extra

200 g de hinojo marino

1 limón grande y jugoso, pelado y cortado en cuatro trozos, y su piel

8 cigalas grandes

8 langostinos grandes, sin cabeza y pelados

8 vieiras grandes sin valva, a ser posible del tamaño de una nuez, sin el músculo, pero con el coral intacto

2 puñados de berros

para el aliño de albahaca

1 puñado grande de hojas de albahaca

1 puñado grande de hojas de perejil

120 ml de aceite de oliva virgen extra

Sumerja los boniatos en una cacerola grande con agua fría, sale con generosidad y lleve a ebullición. Cuézalos a fuego fuerte hasta que pueda introducir un cuchillo afilado casi hasta el centro. Escúrralos y refrésquelos. Escúrralos de nuevo y córtelos en rodajas de 6 mm.

Corte las berenjenas en rodajas del mismo grosor, unte los boniatos y las berenjenas con el aceite de oliva y salpimente ligeramente. Caliente una parrilla o una barbacoa y ase las rodajas de boniato y berenjena hasta que estén doradas por ambos lados. Resérvelas.

Mientras tanto, ponga el hinojo en una cacerola grande y cúbralo con agua fría. Lleve a ebullición y escúrralo. Repita la operación y ponga la cacerola bajo el grifo durante 2 minutos; escúrralo de nuevo. Revíselo en busca de posibles trozos duros; si alguna parte tiene una textura fibrosa, tendrá que separar la planta verde y carnosa desde su tallo. Resulta sencillo: sólo hay que sujetar con firmeza el cuerpo carnoso entre los dedos y tirar desde el tallo. Resérvelo.

Prepare el aliño de albahaca. Coloque una vaporera en una cacerola y cuando el agua hierva añada las hierbas y deje cocer durante 5 segundos. Retire las hojas con una espumadera e introdúzcalas en un cuenco con agua helada para que se enfríen; a continuación, escúrralas y séquelas entre dos papeles de cocina. Ponga las hierbas en el vaso de la batidora con el aceite y redúzcalas a un puré fino durante 10 segundos. Vierta la salsa en un tarro.

Incorpore la piel de limón al agua hirviendo y coloque encima la vaporera. Quizá tenga que cocer el marisco en varias tandas. Ponga las cigalas en la vaporera, tápela y déles un hervor durante 8 minutos. Retírelas, incorpore los langostinos y cuézalos durante 1 minuto; añada las vieiras y cueza todo durante 3 minutos más. Una vieira está cocida cuando el centro es opaco, pero no blanco.

Para servir, corte con unas tijeras ambos lados de la parte inferior de las colas de las cigalas (para la langosta, *véase* pág. 140), retirando el caparazón a medida que avanza. Disponga las rodajas de boniato y berenjena en 4 platos. Incorpore todos los ingredientes en un cuenco grande, excepto el aliño y las rodajas de limón, y mézclos con cuidado; a continuación distribuya la preparación en los platos y aliñe con el aderezo de albahaca. Acompañe con un trozo de limón, chips de gambas y cuencos para enjuagarse los dedos.

Este plato casi se ha convertido en una preparación clásica para todo el que haya comido alguna vez en un restaurante escandinavo, aunque la adición de la tapenade le confiere un toque mediterráneo.

Puede ahorrar tiempo si compra la remolacha ya cocida, aunque si tiene la posibilidad de asarla en casa, mucho mejor. Por lo general, las remolachas ya cocidas resultan excesivamente ácidas. Además, si puede conseguir diversos tipos de remolacha (dorada, rayada o naranja, por ejemplo), la ensalada ganará en interés. También es posible comprar tapenade de muy buena calidad, pero la que se prepara en casa resulta mucho más satisfactoria.

Los arenques encurtidos se comercializan a granel o en tarros, y la calidad puede ser muy variable, de modo que conviene buscar los mejores. Esta ensalada se puede servir tibia o fría; deje que el día decida por usted.

Caliente el horno a 180°C. Envuelva las remolachas en papel de aluminio bien apretado y colóquelas en una fuente refractaria. Hornéelas durante 60-90 minutos (un ejemplar del tamaño de un huevo le llevará alrededor de 60 minutos), hasta que pueda atravesar el papel de aluminio y llegar al centro de las remolachas. Deje que se enfríen hasta que pueda manipularlas; retire el papel de aluminio y pélelas. Puede desprender la piel con los dedos (emplee guantes para evitar las manchas) o utilizar un pequeño cuchillo de cocina. Corte las remolachas en cuñas finas o rodajas, dispóngalas en un cuenco y añada el vinagre.

Hierva o cueza las patatas al vapor y escúrralas. Cuando se hayan enfriado un poco, córtelas en rodajas de 5 mm de grosor, aproximadamente, y mézclelas con 1 cucharada de aceite de oliva.

Prepare la *tapenade*. Puede ayudarse de un cuchillo o emplear un robot de cocina pequeño para picar las aceitunas, las anchoas, el ajo y las alcaparras (si utiliza alcaparras pequeñas no será necesario que las pique); a continuación, mezcle todo con la ralladura y el zumo de limón, y el resto del aceite de oliva.

Para servir, tueste el pan hasta que quede crujiente por ambos lados y repártalo en cuatro platos. Extienda la *tapenade* sobre las tostadas, y después disponga la remolacha, las patatas y el arenque en el orden que prefiera. Incorpore algunos brotes y sirva con una rodaja de limón a un lado.

ENSALADA DE ARENQUE ENCURTIDO, REMOLACHA Y PATATA SOBRE UNA TOSTADA DE CENTENO CON «TAPENADE»

700 g de remolachas pequeñas (las grandes tardan más en cocerse), con la piel simplemente lavada, sin rascarla

1 cucharada de vinagre de sidra o de vinagre de vino tinto

600 g de patatas pequeñas

3 cucharadas de aceite de oliva virgen extra

8 rebanadas grandes de pan de centeno

8-12 filetes de arenque encurtidos, cortados en trozos pequeños

unos cuantos brotes (*véase* pág. 16)

rodajas de limón para servir

para la tapenade

2 puñados de aceitunas deshuesadas

1 filete de anchoa salada o 2 filetes de anchoa en aceite, escurridos

1/2 diente de ajo

1 cucharada de alcaparras escurridas

2 cucharaditas de ralladura de limón y 2 cucharadas de zumo de un limón jugoso

ENSALADA DE ATÚN, QUINOA, ROQUETA SILVESTRE, ACEITUNAS Y TOMATES ENNEGRECIDOS

CON ALIÑO DE HUEVO PICADO Y PEREJIL

6 tomates

4-5 cucharadas de aceite de oliva virgen extra

1 puñado pequeño de hojas de albahaca, troceadas

¾ de taza de granos de quinoa

4 filetes de atún, cada uno de 180 g, aproximadamente, sin piel ni espinas

sal y pimienta negra recién molida

2 puñados grandes de aceitunas surtidas

2 puñados grandes de hojas de roqueta silvestre

para el aliño de huevo picado y perejil

4 huevos

1 puñado pequeño de hojas de perejil, picadas groseramente

2 cucharadas de alcaparras

2 cucharadas de aceite de oliva virgen extra

4 cucharadas de zumo de limón

Antes de describir esta receta, debo comentar ciertas cosas. Por favor, asegúrese de que el atún que utilice provenga de una fuente fiable. Como dicen los ecologistas, el atún es el rinoceronte del mar. Con esta comparación quieren decir que el atún se está pescando a una velocidad que supera su propia capacidad de reproducirse y sobrevivir. Así, si no sabe de dónde procede el atún que está a punto de comprar, por favor, utilice otro pescado: salmón, trucha, caballa o mújol, por ejemplo. Asimismo, asegúrese de que el atún no se ha pescado con red de arrastre, ya que no sólo atrapa atunes, sino también delfines, tortugas marinas y todo tipo de criaturas acuáticas. Pregunte a su pescadero, él debe saberlo.

Dicho esto, la ensalada que presento a continuación tiene cierta deuda «espiritual» con la salade niçoise (e incluye aceitunas negras y pequeñas de Niza). La quinoa es un antiguo cereal inca repleto de beneficios. Casi olvidada hasta hace poco, ha empezado a reaparecer en los comercios de alimentación natural, así como en los menús de los restaurantes.

Corte los tomates en rodajas de aproximadamente 1 cm de grosor y unte cada una con un poco de aceite. Caliente una sartén y, cuando empiece a humear, incorpore los tomates en una sola capa y cuézalos a fuego fuerte hasta que se chamusquen (1 ½ -2 minutos). Con una espátula refractaria, pase las rodajas de tomate a una fuente y continúe la operación con el resto de rodajas. Si alguna se adhiere a la sartén, despréndala y limpie la sartén. Cuando termine, espolvoree con albahaca y añada una cucharadita de aceite.

Lleve a ebullición 4 tazas de agua. Ponga la quinoa en un colador muy fino y enjuáguela en agua caliente durante 30 segundos. Añada los granos al agua hirviendo y cuézalos durante 12-15 minutos. Estarán listos cuando empiecen a abrirse (como si fuese una espiral que se va deshaciendo). Pruebe unos cuantos granos transcurridos 10 minutos, y cuando estén listos páselos por un colador fino y extiéndalos en un plato para que se enfríen. La quinoa quedará ligeramente crujiente y con cierto sabor a frutos secos. Es precisamente su textura la que la convierte en un ingrediente muy interesante.

Pincele el atún con 2 cucharadas de aceite de oliva, salpiméntelo ligeramente y déjelo a temperatura ambiente durante 10 minutos, tapado con film transparente.

Prepare el aliño de huevo picado y perejil. Para ello, introduzca los huevos en un cazo con agua hirviendo y cuézalos durante 5 minutos; escúrralos y páselos a un cuenco con agua helada para enfriarlos. Pélelos, píquelos o rállelos y resérvelos en un cuenco con el perejil, las alcaparras y el aceite de oliva.

Caliente de nuevo la sartén o una parilla; cuando esté caliente, cueza el atún brevemente. Es mejor servirlo medio hecho o poco hecho, ya que, de lo contrario, queda muy seco. No obstante, si le gusta el pescado muy hecho, cocínelo a su manera. Un filete de 1,5 cm de grosor tardará alrededor de 2 minutos en quedar poco hecho por un lado; a continuación, déle la vuelta y hágalo 1 minuto más.

Para servir, ponga las aceitunas, la roqueta y la quinoa en un cuenco grande; salpimente ligeramente, añada el resto de aceite de oliva y mezcle todo. Disponga las rodajas de tomate en 4 platos y distribuya la ensalada de roqueta por encima; a continuación, sirva el filete de atún. Mezcle el zumo del limón con el aliño de huevo y adorne el atún con este aderezo en el momento de servir.

CEVICHE DE BACALAO
CON PEPINO, LIMA, TOMATILLO, ALBAHACA Y MENTA

El ceviche (pescado «cocido» en una marinada a base de zumo de cítricos) se puede elaborar con casi cualquier pescado, aunque los filetes demasiado finos se pueden romper, con lo que se estropea la presentación del plato. Lo ideal es optar por un pescado firme, de carne y sabor consistente, como el eglefino o el rape.

Los tomatillos, también conocidos como tomates mexicanos, son, en realidad, parientes cercanos de la uva espina. También cuentan con una piel protectora que hay que retirar. Redondos y verdes (con tonos amarillos cuando están maduros), poseen un maravilloso sabor a limón y manzana. Su disponibilidad va en aumento.

Se trata de un plato perfecto para el verano, que puede acompañarse con un cuenco de gazpacho muy frío.

Corte los filetes de bacalao en tiras de 2 cm de grosor, aproximadamente; a continuación, corte las tiras en cubos e introdúzcalos en un cuenco. Añada la mitad de la ralladura de lima, la mitad del zumo y ¼ de cucharadita de sal, y mezcle bien. Tápelo y consérvelo en el frigorífico durante 2 horas.

Mientras tanto, pele el pepino y córtelo a lo largo; retire las semillas con una cuchara pequeña y deséchelas. Corte el pepino en cubos de unos 2 cm y mézclelo en un cuenco con ½ cucharadita de sal. Tápelo y consérvelo en el frigorífico.

Alrededor de 20 minutos antes de servir, saque el pescado y el pepino del frigorífico. Pase el pescado por un colador con cuidado y deseche el líquido. Escurra el pepino, enjuáguelo bajo el grifo y colóquelo encima del pescado; déjelos escurrir durante 5 minutos.

Corte los tomatillos en rodajas de ½ centímetro de grosor y mézclelos con 1 cucharadita del zumo de lima, unas pizcas de sal y la guindilla.

Introduzca la mezcla de pescado en un cuenco limpio, incorpore el resto de ralladura y zumo de lima, junto con la guindilla y los tomatillos, y mézclelo todo. Tape de nuevo e introdúzcalo en el frigorífico durante 10 minutos.

Inmediatamente antes de servir, incorpore el pomelo, la albahaca, las cebollas y el aceite de oliva, y mezcle con cuidado. Pruébelo y rectifique el aderezo, si lo considera necesario, y distribuya la mezcla en cuatro cuencos.

---

600 g de filetes de bacalao sin piel ni espinas

1 cucharadita de ralladura de lima y 100 ml de zumo de 3-4 limas jugosas

sal marina

1 pepino de unos 25 cm de largo

3 tomatillos grandes sin piel ni membranas

media guindilla roja o verde (todo lo picante que desee) finamente picada

1 pomelo pelado y cortado en gajos (*véase* pág. 150)

1 puñado de albahaca

1 puñado pequeño de hojas de albahaca

4 cebollas tiernas finamente picadas y enjuagadas con agua fría

2 cucharadas de aceite de oliva virgen extra

Si no encuentra tomatillos, no se preocupe: unos trozos de mango que se añaden en el último momento aportan un toque tropical al ceviche. La papaya verde o el mango recién rallados aportarán un toque tailandés, y unas peras Nashi en dados o unas jícamas también conferirán textura y sabor. Incluso unos tomates ligeramente verdes, cortados en rodajas finas, aportarán un frescor crujiente.

ENSALADA DE PINZAS DE CANGREJO, PEPINO, LIMA, BERROS, CILANTRO, PATATAS NUEVAS Y MAYONESA AL «WASABI»

Las pinzas de cangrejo (bocas) constituyen una auténtica experiencia gastronómica manual. Tendrá que tomarlas con los dedos y sorber para extraer la carne, utilizar los dientes para tomar el contenido de las pinzas y emplear las manos y un palillo para acceder a los rincones. A pesar de todo, merece la pena: resulta divertido y se convierte en un acto social. Pero... si no quiere servir este plato en una cena formal, compre carne de cangrejo ya extraída de la pinza.

El wasabi *posee uno de esos sabores que se aman o se detestan. A mí me gusta, y siento predilección por el muy picante. No obstante, siempre puede preparar una mayonesa un poco picante y servir el* wasabi *aparte para que disfruten sus invitados más delicados.*

Ralle bien la cáscara de una de las limas y exprima las dos para obtener 4 cucharadas de zumo. Corte el pepino en juliana fina con un cuchillo o una mandolina (deseche las semillas), o córtelo en rodajas muy finas. Mézclelo con la mitad del zumo de lima y la ralladura, e incorpore todo el *mirin*. Resérvelo en la nevera durante 1 hora para que se macere ligeramente.

Mezcle el *wasabi* en polvo con el resto del zumo de lima e incorpórelo a la mayonesa. Salpimente. Mezcle las patatas con la mitad de la mayonesa e incorpore los cebollinos, la cebolla roja y el cilantro.

Para servir, distribuya la ensalada de patata en 4 platos y adorne con los berros. Coloque encima el pepino y, por último, incorpore 3 bocas de cangrejo en cada plato. Vierta el resto de la mayonesa en un cuenco y permita que sus invitados se sirvan.

2 limas jugosas

1 pepino grande

2 cucharadas de *mirin*

1 cucharadita de *wasabi* en polvo (al gusto)

125 ml de mayonesa

sal y pimienta negra recién molida

500 g de patatas baby nuevas, cocidas y partidas por la mitad

3 cucharadas de cebollinos, finamente cortados

1 cebolla roja mediana, muy picada y en remojo durante 1 minuto

1 puñado de hojas de cilantro

2 puñados grandes de berros

12 pinzas cocidas y partidas de cangrejo (pida a su pescadero que se las prepare)

Ensaladas de carne de ave con pollo, pavo, pato, codorniz y otras aves

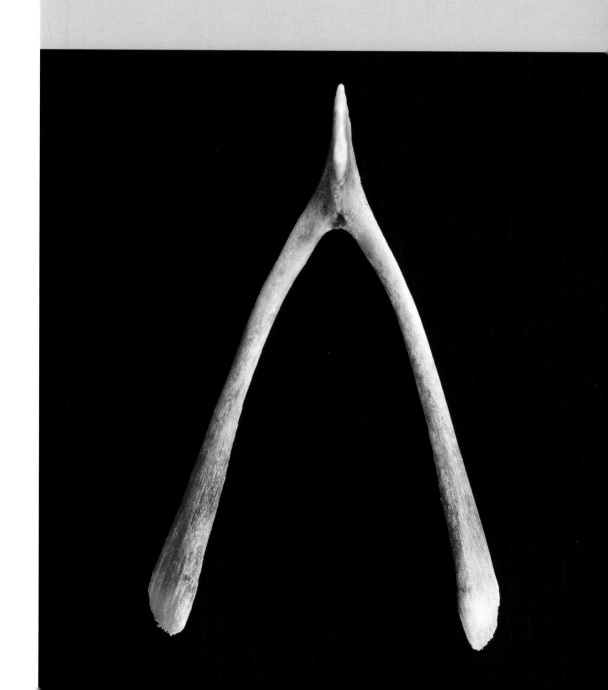

ENSALADA DE SOBRAS DE POLLO ASADO, PASTA, LECHUGA HOJA DE ROBLE, JUDÍAS Y QUESO DE CABRA
CON ALIÑO DE TOMATE Y JENGIBRE

Se trata de uno de esos platos elaborados «con lo que hay» que todos hemos preparado en alguna ocasión, cuando hemos abierto el frigorífico con la esperanza de que quede algo de la cena del día anterior. Necesitará al menos medio pollo para 4 personas, aunque si no es suficiente tendrá que rellenar el plato con más pasta, judías, guisantes, tomates, etc., o servir la ensalada con mucho pan tostado untado con mantequilla mezclada con ajo finamente picado.

En cuanto al tipo de pasta, hoy en día existen infinitas posibilidades. No obstante, yo recomiendo una variedad de pasta corta, no del tipo espagueti; por ejemplo, espirales, macarrones o farfalle. Si al aire libre hace fresco, puede servir la ensalada tibia con la pasta recién escurrida y el pollo previamente calentado en una sartén o en el horno.

carne de ½ pollo, aproximadamente

1 lechuga hoja de roble mediana

2 endibias rojas

200 g de pasta (*véase* párrafo inicial), cocida *al dente* en agua con sal, escurrida y refrescada en agua fría

200 g de judías verdes, blanqueadas en agua hirviendo durante 2 minutos y refrescadas en agua fría

200 g de queso de cabra (también puede utilizar feta, por ejemplo)

para el aliño de tomate y jengibre

3 tomates grandes maduros

1 trozo de jengibre de aproximadamente 1 x 2 cm, o 1 bola de tallo de jengibre

2 cucharadas de zumo de limón

125 ml de aceite de oliva

sal y pimienta negra recién molida

2 cucharadas de aceite de oliva virgen extra

En primer lugar, prepare el aliño. Ponga los tomates, el jengibre, el zumo de limón y el aceite de oliva en la batidora y mezcle a máxima potencia durante 30 segundos. El aliño no debe tener grumos. Pruebe y rectifique el aderezo; a continuación, incorpore el aceite de oliva virgen extra y mezcle durante 5 segundos más.

Corte el pollo en trozos del tamaño de una nuez y dispóngalos en un cuenco. Corte las hojas más grandes de lechuga en trozos de 5 cm y añádalas al cuenco; conserve enteras las hojas más pequeñas y resérvelas para terminar la ensalada. Añada la pasta cocida y escurrida, así como las judías. Corte el queso de cabra en trozos pequeños con un cuchillo o bien pártalo con los dedos; incorpórelo al cuenco.

Para servir, mezcle todos los ingredientes de la ensalada y repártalos en 4 platos. Distribuya las hojas de lechuga que ha reservado y aliñe.

Esta ensalada no tiene por qué basarse exclusivamente en sobras. Aunque no disponga de pollo asado, el aliño combina con diversos ingredientes. Pruebe con una pechuga de pollo recién asada o con sobras de cordero, cortado muy fino, con chuletas de cerdo asadas, con salchichas de calidad cortadas en trozos, o bien con calabaza o boniato asados, si prefiere un plato vegetariano.

ENSALADA DE PAVO REBOZADO CON «PANKO», CHIRIVÍA GLASEADA A LA MIEL Y BERROS CON COMPOTA DE ARÁNDANOS Y GRANADA Y UN HUEVO FRITO

Este plato, cuando se sirve caliente, resulta especialmente adecuado para la Navidad. En realidad, se trata de una alternativa perfecta para la comida del día de Navidad, si no quiere molestarse en cocinar un pavo entero o si le apetece una comida más ligera. Llevamos cuatro años sirviendo huevos fritos en The Providores, y constituyen uno de nuestros platos más sorprendentes. Nuestros clientes se dividen en dos bandos: los que les gustan, y los que no les gustan. A mí me encantan. El panko es pan rallado de Japón; resulta más grueso y de mayor tamaño que el pan rallado normal, y aporta una textura especial al pavo. Si no lo encuentra, puede rallar unas rebanadas de pan de payés de un par de días.

5 huevos

harina para rebozar

4 filetes de pavo, cada uno de aproximadamente 220 g

2 puñados de pan rallado *panko* (*véase* párrafo inicial)

aceite vegetal para freír

500 g de berros sin los tallos largos

para las chirivías glaseadas a la miel

sal y pimienta negra recién molida

500 g de chirivías pequeñas, peladas y cortadas en cuñas a lo largo

2 cucharadas de miel clara

70 g de mantequilla

15 hojas de salvia partidas

125 ml de agua caliente

para la compota de arándanos y granada

50 g de azúcar blanquilla sin refinar

5 cucharadas de melaza de granada

¼ de cucharadita de pimienta de Cayena o pimentón

1 cucharada de semillas de mostaza

200 g de arándanos rojos (frescos o congelados)

En primer lugar, prepare las chirivías glaseadas a la miel. Caliente el horno a 190°C. Forre una fuente refractaria con papel sulfurizado, coloque las chirivías encima y salpiméntelas ligeramente. Añada la miel, la mantequilla, la salvia y agua caliente. Selle bien con papel de aluminio o con una tapa y hornee durante unos 40 minutos. Cuando estén tiernas, retire el papel de aluminio y hornee hasta que adquieran un tono dorado.

Mientras tanto, prepare la compota de arándanos y granada. En una cacerola pequeña, lleve a ebullición el azúcar, la melaza, la pimienta de Cayena y las semillas de mostaza; a continuación, incorpore los arándanos y una pizca de sal. Remueva con cuidado. La mitad de los arándanos deben abrirse. Retire del fuego.

Cueza en una cacerola con agua los 4 huevos durante 4 minutos. Retire los huevos y colóquelos en un cuenco; póngalos bajo el agua fría durante 5 minutos para que se enfríen por completo. Pélelos y resérvelos en el frigorífico.

Salpimente la harina y reboce con ella los filetes de uno en uno. Bata el huevo que queda y pase los filetes por él. Disponga el *panko* en un plato y reboce cada filete por ambos lados, presionando para que los pedacitos de pan rallado se adhieran.

Caliente 2 cucharadas de aceite en una sartén a fuego medio y fría los filetes hasta que se doren por ambos lados. Si la sartén es lo suficientemente grande, podrá cocinarlos de una vez; en caso contrario, fríalos en dos tandas. Un filete de 1 cm de grosor debe tardar alrededor de 8 minutos en freírse. Para comprobar si están listos, realice un corte en la parte más gruesa: si está blanco por dentro, ya lo puede retirar. Recuerde que el pavo queda muy seco si se fríe demasiado. Manténgalos calientes.

Caliente una sartén con 5 cm de aceite a 180°C. Seque bien los huevos y fríalos hasta que estén dorados (4-5 minutos); la idea es que la yema quede suelta, de modo que conviene estar atentos. Retírelos de la sartén y escúrralos sobre papel de cocina.

Para servir, disponga el pavo en platos calientes. Mezcle el berro con las chirivías y los jugos de la bandeja donde se han asado, y reparta todo en 4 platos. Incorpore la compota y, por último, adorne con un huevo abierto por la mitad, que colocará en el centro del plato.

El modo más rápido de preparar esta ensalada consiste en comprar un pato ya asado. De lo contrario, tendrá que asarlo en casa (o preparar una pechuga por persona), una operación que es tan sencilla como asar un pollo.

Aderece el interior del pato y colóquelo sobre un lecho de zanahorias y cebollas en aros, en una bandeja para asar, con las pechugas hacia abajo. Vierta la mitad de una taza de agua hirviendo y salpimente bien. Ase el pato a 180°C durante 30 minutos; a continuación, déle la vuelta y continúe con la cocción (alrededor de otros 50 minutos para un pato de 1,5 kg). Estará listo cuando pueda introducir un cuchillo afilado en el muslo y los jugos salgan claros. Durante los últimos 5 minutos, coloque el pato bajo el grill para que la piel quede crujiente. Déjelo reposar al menos durante 15 minutos antes de cortarlo.

En verano, sirvo este plato a temperatura ambiente, aunque en invierno prefiero servirlo recién sacado del horno. El romanesco, que es un brécol de invierno, se puede sustituir por brécol normal o coliflor.

Caliente el horno a 170°C. Mezcle las nueces, las especias y el jarabe de arce en un cuenco pequeño y disponga la preparación en una placa para el horno forrada con papel antiadherente. Caliente en el centro del horno hasta que las nueces estén doradas, entre 12 y 18 minutos; déles la vuelta de vez en cuando, retírelas y déjelas enfriar.

Mientras tanto, si utiliza un pato entero tendrá que separar la carne de los huesos. Debe utilizar tanto un cuchillo pequeño y afilado como los dedos para levantar y cortar la carne. Empiece por separar los muslos y retire los huesos cortando a lo largo del muslo. Separe las dos pechugas de la carcasa. Corte la carne en filetes o trozos pequeños y resérvela.

Mezcle las mazorquitas con el aceite y fríalas en una sartén para que adquieran color; vaya moviendo la sartén para que se cuezan de manera uniforme. Retírelas e introdúzcalas en un cuenco.

Corte las naranjas en gajos (véase pág. 150), reserve el zumo que se desprenda, y disponga los gajos en un cuenco con el maíz y el brécol. Corte el hinojo con una mandolina (o con un cuchillo afilado) y añádalo a las mazorquitas. Corte las hojas de la achicoria e incorpórelas al cuenco de ensalada.

Prepare el aliño de soja y *tahini*. Bata el zumo de naranja que se ha desprendido al cortar los gajos con la salsa de soja, el *tahini* y el aceite de oliva, o bien agite la mezcla en un tarro; rectifique de sal y pimienta.

Para servir, disponga el pato encima de la ensalada, espolvoree con las semillas de sésamo y pase el cuenco a los invitados para que se sirvan. Sirva el aliño en una salsera.

ENSALADA DE PATO CON NARANJAS, NUECES AL JARABE DE ARCE, MAZORQUITAS DE MAÍZ, BRÉCOL ROMANESCO, ACHICORIA E HINOJO Y ALIÑO DE SOJA Y «TAHINI»

2 puñados grandes de nueces

2 pizcas de canela molida o nuez moscada

2 cucharadas de jarabe de arce

1 pato entero o 4 pechugas

20 mazorquitas de maíz

1 cucharadita de aceite de oliva

3 naranjas de zumo grandes

1 brécol romanesco blanqueado y refrescado en agua helada

1 cabeza de hinojo

1 cabeza mediana de achicoria de Treviso (*radicio*)

2 cucharaditas de semillas de sésamo tostadas

para el aliño de soja y tahini

3 cucharadas de salsa de soja

3 cucharadas de *tahini*

5 cucharaditas de aceite de oliva

ENSALADA DE POLLO ESCALFADO, AVELLANAS, BERROS Y GUISANTES CON ALIÑO DE HIERBA LIMONERA

Una ensalada sencilla como ésta tiene la ventaja de elaborarse con los ingredientes de mejor calidad y más frescos. Compre el pollo más caro que se pueda permitir: se alegrará de haberlo hecho cuando deguste el plato. Si no puede conseguir hierba limonera, utilice la misma cantidad de ralladura muy fina de limón en el aliño y añada la piel de limón al líquido de cocción.

Corte a 2 cm por encima de la base de cada tallo de hierba limonera; a continuación, corte el extremo superior. Le quedarán dos piezas de 5 cm. Pele las dos o tres capas exteriores de los tallos e introduzca las bases, los extremos y las capas extraídas en una cacerola grande (en la que quepa holgadamente el pollo). Tome una cucharadita de hojas de tomillo y resérvela; a continuación, introduzca en la olla el tomillo, el orégano, el laurel, el ajo, el apio, la zanahoria, el vino y un poco de sal y añada 2,5 litros de agua. lleve a ebullición y deje cocer todo durante 10 minutos.

Separe los muslos y las alas del pollo e incorpórelos al caldo. lleve a ebullición y deje cocer 10 minutos a fuego lento. Incorpore la carcasa, y, cuando vuelva a hervir, baje el fuego y continúe la cocción 18 minutos más con el líquido apenas agitándose (para un pollo de 1,5 kg; un poco más si es más grande). Para comprobar si está listo, ya que el pollo acabará de cocerse en el caldo, retire uno de los muslos y córtelo por la parte más gruesa: debe estar cocido casi del todo; si todavía parece un poco crudo, déjelo otros 5 minutos más antes de apagar el fuego. Si ya está cocido, retírelo del calor y deje que se enfríe completamente en el caldo. Tape el recipiente.

Mientras se cuece el pollo, caliente el horno a 170°C. Disponga las avellanas en una placa para hornear y dórelas (10-15 minutos); remuévalas para que tomen un color uniforme. Retírelas del horno y déjelas enfriar. Pique un tercio de las avellanas con un cuchillo o un molinillo y resérvelas.

Pique lo más finamente posible la parte interior más tierna de la hierba limonera e introdúzcala en un tarro con el zumo de limón, el aceite de oliva y un poco de sal y pimienta. Tape el tarro y agite bien.

Cuando el pollo se haya enfriado en el caldo, retírelo y escúrralo bien. Con las manos o con un cuchillo, separe la carne de los huesos y córtela después en trozos.

Para servir, añada las avellanas picadas al aliño y agítelo bien de nuevo. Mezcle los guisantes con los berros y el resto de las avellanas, y reparta la mezcla en 4 platos; a continuación, disponga encima los trozos de pollo. Agite el aliño por última vez y viértalo sobre el pollo. Asegúrese de que todos los platos reciban la misma cantidad de hierba limonera.

2 tallos de hierba limonera

1 puñado grande de tomillo fresco

1 puñado pequeño de orégano fresco

2 hojas de laurel

4 dientes de ajo pelados y partidos por la mitad

2 tallos de apio, cada uno cortado en 4 trozos

1 zanahoria grande cortada en 4 trozos

1 copa de vino blanco

1 pollo grande, de aproximadamente 1,5 kg

1 puñado grande de avellanas peladas

1 cucharada de zumo de limón

4 cucharadas de aceite de oliva

3 puñados de guisantes escaldados y refrescados en agua fría

2 manojos de berros sin los tallos gruesos

Nota Si vuelve a llevar el caldo a ebullición y lo deja reducir a tres cuartos, obtendrá un caldo que resulta ideal para una sopa u otra receta. El modo más rápido consiste en utilizar una cacerola ancha, ya que el líquido se evapora con mayor rapidez. Cuando haya reducido, déjelo enfriar por completo antes de conservarlo en el frigorífico o en el congelador.

ENSALADA TIBIA DE PICANTÓN ESCALFADO EN SOJA, ANÍS ESTRELLADO Y VINAGRE DE VINO TINTO

CON ZANAHORIAS BABY, «TAT SOI» Y «SHIITAKE»

El método de cocción de este plato es válido para cualquier ave (véase también la receta anterior); sólo hay que recordar que cuanto más grandes sean las aves, más tiempo de cocción necesitarán. Especialmente en los restaurantes chinos (y en la mayoría de los restaurantes donde yo he cocido aves), el caldo se utiliza una y otra vez, y en cada ocasión el sabor se intensifica y mejora.

Los picantones son pollos pequeños, con un peso de 400-500 g. Es importante que los cocine como se indica a continuación para evitar que queden crudos o demasiado cocidos y secos. Puede servir esta ensalada tibia o fría, sólo debe tener en cuenta que le costará más cortar la carne caliente, por lo que debe tener precaución.

2 picantones, cada uno de 450 g aproximadamente

300 ml de salsa de soja

100 g de azúcar moreno o de palma (o azúcar de caña rico en melaza)

8 anises estrellados

1 cucharada de pimienta de Sichuan, en grano

125 ml de vinagre de vino tinto

8 dientes de ajo majados

3 trozos de jengibre fresco con la piel raspada

4 cucharadas de zumo de limón

20 zanahorias baby (puede pelarlas o lavarlas muy bien)

20 setas chinas *shiitake*

1 cucharada de aceite vegetal

2 cucharadas de aceite de sésamo

2 puñados grandes de *tat soi* (también puede utilizar *bok choi* o *pak choi*)

3 cebollas tiernas cortadas muy finas en diagonal

3 cucharadas de escalonias crujientes (*véase* pág. 12)

1 puñado de cilantro fresco

Limpie los picantones bajo el grifo durante 1 minuto; escúrralos y seque bien el interior con papel de cocina.

Vierta 2 litros de agua, la salsa de soja, el azúcar, el anís, los granos de pimienta, el vinagre (excepto 2 cucharadas) y el ajo en una cacerola en la que quepan holgadamente los dos picantones. Corte el jengibre en rodajas e incorpórelo al recipiente. Lleve a ebullición y deje cocer todo durante 15 minutos. Añada los picantones, con las pechugas hacia abajo, y lleve de nuevo a ebullición. Baje el fuego y deje cocer durante 14 minutos más con el líquido apenas agitándose; déles la vuelta y continúe la cocción otros 5 minutos. Tape la cacerola, retírela del calor y deje que el contenido se enfríe.

Pele el resto del jengibre y córtelo en rodajas finas (una mandolina resulta ideal para esta operación); a continuación, corte las rodajas en juliana y mézclelas con el zumo de limón. Reserve.

Cuando los picantones se hayan enfriado, extráigalos del caldo, escúrralos y póngalos a hervir de nuevo. Añada las zanahorias y déjelas cocer hasta que estén medio cocidas (para este plato resultan ideales ligeramente crujientes); retírelas con una espumadera y déjelas enfriar. Deje que el caldo se enfríe completamente antes de conservarlo en el frigorífico (si lo va a consumir pronto) o en el congelador. Cada vez que lo reutilice, compruebe el aderezo.

Elimine los pies de las setas, marque los sombrerillos con una «X» y saltéelos en el aceite vegetal y de sésamo hasta que adquieran una textura blanda. Añada el vinagre que había reservado y deje enfriar.

Ha llegado el momento de cortar los picantones. Puede ayudarse de unas tijeras de cocina y servir ½ picantón por persona con los huesos, o bien separar los muslos, cortar cada uno por la mitad y, posteriormente, separar la pechuga de la carcasa y servir una pechuga y las dos partes de los muslos por persona.

Para servir, mezcle el *tat soi* con la mitad del jengibre macerado en limón y todas las zanahorias, e incorpore a continuación las setas y las cebollas. Reparta esta ensalada en 4 platos y disponga encima las raciones de picantón. Reparta el resto del jengibre y zumo de limón, las escalonias crujientes y el cilantro, y aderece con unas cucharadas del caldo justo antes de servir el plato.

ENSALADA DE POLLO AL VAPOR, FRIJOLES, TOMATES PERA ASADOS E HINOJO CON ALIÑO DE LIMÓN AL ACEITE DE TRUFA

8-12 tomates pera

1 ½ cucharadas de aceite de oliva virgen extra

sal y pimienta negra recién molida

4 pechugas de pollo limpias

2 bulbos de hinojo

400 g de frijoles verdes (de bote) escurridos y enjuagados

1 cebolla roja pequeña, a rodajas finas

1 puñado de brotes de gérmenes de soja

1 puñado de perejil

2 cucharadas de zumo de limón

1 puñado pequeño de brotes (*véase* pág. 16) o de berros (yo he utilizado *onion cress*)

para el aliño de limón al aceite de trufa

2 cucharadas de salsa de soja

1 ½ cucharadas de aceite de oliva virgen extra

1 cucharada de aceite de trufa

2 cucharadas de zumo de limón

Esta ensalada resulta perfecta para la comida de un día soleado. El pollo se puede servir directamente de la vaporera o bien dejarlo enfriar. La ensalada de frijoles verdes e hinojo también supone un acompañamiento ideal para el pollo asado o hervido. Puede utilizar frijoles recién cocidos o bien recurrir a los de bote para ahorrar tiempo. Presente este plato como entrante sin carne, con unas virutas de queso curado por encima, o con calamares o gambas a la plancha en lugar del pollo.

Caliente el horno a 180°C y forre una placa para hornear con papel sulfurizado. Corte los tomates por la mitad a lo largo y colóquelos en la placa con el corte hacia arriba. Rocíelos con el aceite de oliva, salpimente ligeramente y hornéelos hasta que tomen color y encojan un poco (alrededor de 90 minutos, aunque si después de 1 hora empiezan a oscurecerse demasiado, debe cubrirlos con papel de aluminio).

Aproximadamente 30 minutos antes de terminar de asar los tomates, prepare una vaporera y coloque en ella las pechugas de pollo ligeramente salpimentadas. Cuézalas hasta que la parte más gruesa esté cocida (12-18 minutos en función del tamaño; utilice un cuchillo afilado para comprobar si están listas). Sáquelas de la vaporera y déjelas enfriar a temperatura ambiente, tapadas con film transparente o con papel de aluminio.

Corte el hinojo e introdúzcalo en un cuenco con agua helada para que adquiera consistencia.

Prepare el aliño de limón al aceite de trufa. Para ello, mezcle la salsa de soja, el aceite de oliva, el aceite de trufa y el zumo de limón. Pruebe y rectifique el aderezo si lo cree necesario.

Mezcle los frijoles con la cebolla, los gérmenes, el perejil y el zumo de limón y salpimente ligeramente.

Para servir, distribuya la ensalada de frijoles en cuatro platos y coloque encima los tomates. Corte cada pechuga de pollo en cuatro trozos y dispóngalos sobre la ensalada. Mezcle el hinojo con el aliño y viértalo sobre el pollo; adorne con los brotes.

Las codornices deben comerse con las manos para valorarlas como se merecen. Se trata de aves pequeñas, con huesos que, en ocasiones, llegan a resultar molestos, pero que quedan jugosas y sabrosas cuando se preparan correctamente. La regla de oro radica en no pasarse nunca en la cocción. Si las puede comprar limpias, sin huesos, mucho mejor; si no, prepárelas como se indica a continuación.

Sujete una codorniz con la palma de una mano, con la pechuga hacia abajo. La columna de la codorniz, desde el cuello hasta el abdomen, quedará mirando hacia usted. Con unas tijeras, corte a cada lado de la columna, aproximadamente a 1 centímetro, y separe a continuación el hueso. Coloque la codorniz sobre una tabla con la pechuga hacia arriba y presiónela para aplastarla.

Aunque esta receta indica que las codornices y las berenjenas se deben asar a la barbacoa, también las podrá preparar en su cocina en un buen grill o sartén.

CODORNICES ADOBADAS CON TOMILLO Y ASADAS SOBRE UNA ENSALADA DE MAÍZ, BERENJENA, ENDIBIA ROJA, PERA Y ACEITUNAS VERDES

8 codornices preparadas como se indica en el párrafo inicial

1 puñado pequeño de tomillo fresco de la parte del tallo (o 1 cucharadita de tomillo seco)

1 diente de ajo, finamente picado o majado

4 cucharadas de aceite de oliva virgen extra

2 cucharadas de salsa de soja

sal y pimienta negra recién molida

2 mazorcas de maíz

2 berenjenas medianas

1 cucharadita de aceite de sésamo

2 endibias rojas

2 peras

1 puñado de aceitunas verdes

1 puñado de berros o brotes (*véase* pág. 16)

2 limones jugosos partidos por la mitad

Introduzca las codornices en un cuenco grande y prepare un aderezo con el tomillo, el ajo, 1 cucharada del aceite de oliva, la salsa de soja y un poco de pimienta negra recién molida. Unte las aves con esta preparación y déjelas adobar durante 1 hora a temperatura ambiente (si en la estancia la temperatura es elevada, conserve las codornices en el frigorífico).

Lleve a ebullición una cacerola grande con agua con sal y cueza las mazorcas durante 4-5 minutos (bastará con 4 minutos si son muy frescas); escúrralas.

Corte las berenjenas en rodajas de 1 cm de grosor y mezcle el aceite de sésamo con el resto del aceite de oliva. Utilice 2 cucharadas de esta mezcla para untar los dos lados de cada rodaja de berenjena y áselas a la parrilla. Las berenjenas estarán listas cuando presenten un tono marrón dorado y se pueda introducir un dedo fácilmente. Resérvelas en un plato.

Cuando las codornices estén listas, sáquelas del adobo y áselas en la barbacoa con la parte de la piel hacia arriba a fuego medio (si está muy fuerte se oscurecerán por fuera pero no se cocerán por dentro). Déles la vuelta transcurridos 4 minutos; deben quedar bien tostadas, pero no quemadas. Áselas 2 minutos más por el otro lado. La intensidad del fuego y el hecho de que las codornices incluyan huesos o no, influirán en el tiempo de cocción. No obstante, puede introducir un cuchillo afilado en la parte más gruesa, cerca del hueso del muslo, para comprobar si la carne está cocida. Debe presentar un color marrón rojizo, sin ninguna zona cruda. Es preferible que las pechugas estén rosadas, ya que de este modo quedan más jugosas y tiernas. Cuando estén listas, retírelas del fuego y colóquelas en un plato.

Corte las mazorcas en rodajas de 1 cm de grosor, aproximadamente. Corte las bases de la endibia y separe todas las hojas. Elimine el corazón de las peras y pélelas si lo desea; córtelas en 8 cuñas.

Para servir, disponga el maíz y las berenjenas en 4 platos. Mezcle en un cuenco la endibia, las peras, las aceitunas, el berro o los brotes y el resto del aceite, y sirva esta ensalada encima de la primera capa. Corte las codornices por la mitad a lo largo, separe los muslos de las pechugas y disponga 2 codornices cuarteadas en cada plato. Sirva con una rodaja de limón.

ENSALADA TIBIA DE MUSLO DE PATO

CON COCO, CILANTRO, PIMIENTOS ROJOS, FIDEOS, COL CHINA Y PACANAS A LA MIEL

Los muslos de pato, al igual que los de pollo, son una parte muy carnosa y, por tanto, tienden a ser más sabrosos que la pechuga, aunque resulta aconsejable cocerlos a fuego lento para evitar que queden duros. Aunque el confit *de pato (cocinado en su propia grasa a fuego lento durante muchas horas) tal vez sea el método de cocción más conocido en Europa para preparar los muslos, he degustado muslos mucho más sabrosos en el norte de Tailandia (preparados en un recipiente similar a un* wok *con mucha grasa de pato y grandes cantidades de anís estrellado, ajo y jengibre). En cualquier caso, un proceso de cocción lento para conseguir unos muslos tiernos merece la pena. Si no tiene tiempo, compre* confit *de pato ya preparado.*

Las cápsulas de cardamomo negro poseen un agradable sabor terroso que aporta un sutil toque ahumado; si no las encuentra, utilice cardamomo verde y una pizca de pimentón. Véase pág. 149 sobre el modo de separar la pulpa del coco de la cáscara.

6 muslos grandes de pato con el hueso, cada uno de 180 g aproximadamente

1 guindilla roja no muy picante, cuarteada a lo largo

4 dientes de ajo, en rodajas

6 anises estrellados

4 cápsulas de cardamomo negro

1 cucharada de semillas de cilantro

400 ml de leche de coco sin azúcar

3 cucharadas de salsa de pescado tailandesa

300 ml de agua caliente

200 g de pacanas

2 cucharaditas de miel clara

½ cucharadita de aceite vegetal

4 pimientos rojos

100 g de fideos de arroz

3 limas jugosas

sal

½ col china picada

2 cebollas tiernas, a rodajas finas y enjuagadas

1 puñado grande de hojas de cilantro

½ coco fresco cortado en copos finos (o un puñado de coco desecado) y ligeramente tostado

Caliente el horno a 180°C. Caliente una sartén sin grasa y dore los muslos de pato por ambos lados a fuego medio; vaya eliminando el exceso de grasa cada pocos minutos. No necesita añadir aceite. Una vez dorados, disponga los muslos en una fuente de un tamaño que permita colocarlos en una sola capa.

Conserve ½ cucharadita de la grasa en la sartén e incorpore la guindilla, el ajo, el anís estrellado, el cardamomo y las semillas de cilantro; saltee todo hasta que el ajo adquiera un color dorado. Añada la leche de coco, la salsa de pescado y el agua caliente, y lleve a ebullición. Incorpore los muslos, tape bien con una tapa o con papel de aluminio y hornee durante 90 minutos.

Mezcle las pacanas con la miel y el aceite y dispóngalas formando una capa sobre una placa forrada con papel sulfurizado; hornee durante 12-15 minutos. Las pacanas se queman con relativa facilidad, de modo que debe vigilarlas y darles la vuelta de vez en cuando. Cuando estén doradas (puede abrir una para comprobar que hayan adquirido color en toda la superficie), sáquelas del horno y déjelas enfriar completamente en la placa antes de conservarlas en un tarro hermético.

Ase los pimientos hasta que las pieles se oscurezcan (déles la vuelta con frecuencia); colóquelos en una bolsa de plástico cerrada y déjelos enfriar. Una vez fríos, pélelos, deseche las membranas y las semillas y córtelos en tiras.

Vierta agua hirviendo sobre los fideos dispuestos en un cuenco y déjelos en remojo. Exprima 2 limas y cuartee la tercera.

Cuando los muslos estén listos, retire el recipiente del horno y sáquelos. Cuele la mezcla de coco en una jarra de 1 litro y deseche la grasa (que será mucha). Añada el zumo de lima, pruebe, rectifique el aderezo y manténgalo al calor.

Cuando ya pueda manipular los muslos, separe la carne y la piel de los huesos y córtela en trozos. Si no le gusta la piel, deséchela, aunque debe saber que es muy sabrosa.

Para servir, escurra los fideos y mézclelos con los pimientos, la col, las cebollas tiernas y la mitad de las pacanas; reparta la mezcla en 4 platos. Mezcle la carne de pato con la mitad del cilantro y dispóngala sobre los fideos. Distribuya el resto de las nueces, el cilantro y el coco; añada un trozo de lima a un lado de cada plato y sirva el aliño de coco en un cuenco.

ENSALADA DE PINTADA AL VAPOR, ESPÁRRAGOS, LIMÓN EN CONSERVA Y ESTRAGÓN CON ROQUETA SILVESTRE Y ALIÑO DE MOSTAZA EN GRANO Y AGUACATE

4 pechugas de pintada

sal y pimienta negra recién molida

24 espárragos medianos

½ limón en conserva

6 tallos de estragón

2 puñados grandes de roqueta silvestre

2 cucharadas de aceite de oliva virgen extra

1 puñado pequeño de brotes (*véase* pág. 16)

para el aliño de mostaza en grano y aguacate

2 aguacates cortados por la mitad y deshuesados

3 cucharadas de zumo de lima

2 cucharadas de mostaza en grano

3 cucharadas de aceite de aguacate

Las pintadas no son un ingrediente habitual, aunque su preparación es sencilla (se cocinan igual que el pollo). Poseen un sabor similar al pollo de corral, aunque con diferencias sutiles que hacen que merezca la pena experimentar con ellas. Son bastante magras, por lo que conviene no cocerlas demasiado. Los limones en conserva (en sal y zumo de limón) son cada vez más fáciles de encontrar en establecimientos especializados en productos magrebíes, aunque se pueden preparar fácilmente en casa.

Cuando preparo alimentos al vapor en casa utilizo una vaporera de bambú, aunque también puede hacerlo con una metálica o con las eléctricas, tan habituales en la actualidad. Un consejo: si añade ingredientes aromáticos al agua, como hierbas, té o especias, parte de su sabor se impregna en el alimento. Yo siempre preparo las aves con la piel (si está a dieta y no puede tomarla, prepare la pintada con la piel y después deséchela), ya que se mantiene mejor la humedad de la carne, al mismo tiempo que aporta sabor.

Salpimente ligeramente las pechugas y resérvelas. Prepare una vaporera con 5 cm de agua (lo ideal es que cocine todas las pechugas juntas, en una capa, para que se cuezan por igual).

Para partir los espárragos, sujete cada extremo entre el pulgar y el índice de cada mano y dóblelos ligeramente en la misma dirección. El extremo con la yema es la parte tierna; el otro extremo será leñoso, aunque puede pelarlo ayudándose de un pelador. Introduzca los extremos leñosos en el agua de la vaporera.

Con un cuchillo afilado, corte la piel del limón (resulta más sencillo si primero parte el limón por la mitad, a lo largo, y después lo coloca sobre una tabla de cocina con la piel hacia abajo). Introduzca el cuchillo por uno de los extremos y empuje la carne hacia fuera a medida que va pasando el cuchillo en paralelo a la tabla. Añada la carne al agua de la vaporera.

Separe las hojas de estragón de los tallos e incorpórelos al agua. Cuando hierva el agua de la vaporera, introduzca los espárragos y cuézalos durante 4 minutos. Sáquelos y déjelos enfriar en un plato.

A continuación, prepare las pechugas. Introdúzcalas en la vaporera con la piel hacia arriba y cuézalas durante 12-15 minutos, dependiendo del grosor. Para comprobar si están listas, retire una pechuga y colóquela sobre una tabla. Introduzca un cuchillo fino y afilado en la parte más gruesa de la pechuga y practique un corte. La carne debe aparecer blanca (si está un poco opaca, continúe la cocción). Cuando estén listas, retire las pechugas de la vaporera y dispóngalas en un plato.

Mientras se cuecen las pechugas, pique la piel de limón en dados pequeños y mézclelos con las hojas de estragón y la roqueta.

Prepare el aliño de mostaza y aguacate. Introduzca un tercio de la carne de aguacate en el vaso de la batidora o en un robot, añada el resto de ingredientes del aliño y reduzca a un puré sin grumos. Salpimente. Con un tenedor o un pasapurés, mezcle bien el resto de la carne con un poco de sal y pimienta.

Para servir, reparta el puré de aguacate en 4 platos. Corte los espárragos en diagonal y añádalos a la roqueta, el estragón, el limón y el aceite de oliva. Mezcle todos estos ingredientes y viértalos sobre el aguacate. Corte las pechugas en diagonal, en 5-6 trozos cada una, y dispóngalas sobre la ensalada; a continuación, vierta el aliño y adorne con los brotes.

Ensaladas de **carne y caza** a base de ternera, cordero, cerdo, embutido, beicon, despojos y venado

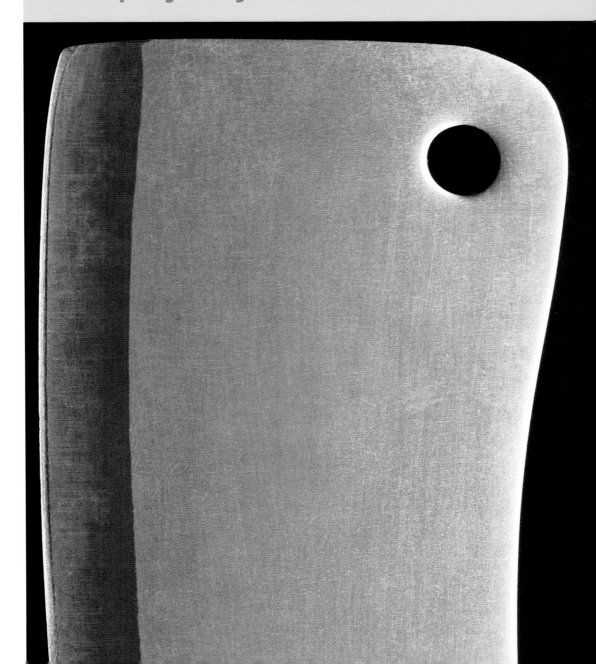

ENSALADA TIBIA DE HÍGADO DE TERNERA, SETAS, PUERROS Y PATATAS

CON ALIÑO DE CIRUELAS Y GUINDILLA AL WHISKY

Esta ensalada resulta perfecta para una comida o una cena en invierno. El hígado de ternera posee una textura fabulosa y un sabor exquisito, y cuando se combina con los ingredientes de esta receta (en especial el whisky) se convierte en un plato reconfortante. Si no puede conseguir hígado de ternera, puede preparar el plato con hígados de pato (o de pollo, si no queda más remedio), aunque no quedarán tan sabrosos. Si el whisky no le entusiasma, o no dispone de él, utilice brandy o ron, o simplemente prescinda del licor.

600 g de hígado de ternera

sal y pimienta negra recién molida

300 g de patatas pequeñas

300 g de setas (yo he utilizado sederuelas, *shiitake* y *shimeji*)

50 g de mantequilla

5 cucharadas de aceite de oliva

1 puerro, en rodajas finas

1 guindilla, en rodajas finas

2 dientes de ajo, picados

12 ciruelas pequeñas deshuesadas, cortadas por la mitad (yo he utilizado la jugosa variedad Pruneaux d'Agen)

2-3 chorritos de whisky

1 puñado de roqueta

Corte el hígado en trozos de 1,5 cm de grosor. Salpiméntelos y resérvelos en un plato.

Hierva las patatas hasta que estén tiernas, escúrralas y córtelas por la mitad (puede dejarlas enteras si no son muy grandes). Si las setas de que dispone son grandes, pártalas o córtelas en trozos de tamaño regular.

Caliente una sartén grande y añada la mantequilla y la mitad del aceite de oliva. Cuando chisporrotee, incorpore el hígado y fríalo durante 4 minutos a fuego medio. Dé la vuelta a los trozos y déjelos 3 minutos más (si le gusta el hígado más hecho, manténgalo más tiempo en el fuego). Para comprobar el grado de cocción, corte una pieza por el centro. Cuando esté listo, sáquelo de la sartén y resérvelo en un plato caliente; manténgalo tapado (una opción consiste en introducirlo en el horno a temperatura muy baja).

Elimine los posibles residuos quemados que hayan quedado en la sartén, pero no la limpie. Incorpore el puerro con 1 cucharada de aceite y saltéelo hasta que esté tierno; a continuación, añada las patatas y caliente todo. Páselo a un plato caliente.

Vierta el resto del aceite en la sartén y saltee las setas hasta que se ablanden. Incorpore la guindilla, el ajo y las ciruelas, y cueza todo durante 2 minutos sin dejar de remover. Vierta el whisky, lleve a ebullición y retire la sartén del fuego.

Para servir, reparta la mezcla de puerro y patata en 4 platos; distribuya la roqueta. Corte el hígado en diagonal y sírvalo encima. A continuación, añada la ensalada tibia de setas y vierta los fondos de cocción que hayan quedado en la sartén o en el plato donde ha reposado el hígado.

Esta ensalada resulta perfecta para los días de frío. Los sabores son intensos y terrosos, y el buey supone un complemento ideal para las verduras. También se puede preparar con otras carnes de calidad, como cordero asado o venado (a ser posible, los filetes). Si utiliza venado, independientemente de que sea salvaje o de granja, conseguirá un sabor exquisito (cocínelo muy poco; de lo contrario, adquirirá una textura dura).

El salsifí es una planta de aspecto muy extraño, ya que se trata de una raíz larga que suele estar cubierta de tierra. Tiene la piel negra, la carne blanca y un sabor no demasiado distinto al del apio nabo y las alcachofas. Si no lo encuentra, utilice aguaturmas o apio nabo asados, alcachofas braseadas o simplemente patatas.

El raiforte picante fresco posee un aroma y un sabor maravillosos, pero si le cuesta mucho encontrarlo, utilice una buena marca envasada. Si consigue el producto fresco, pélelo y ralle sólo lo que vaya a necesitar, de la parte próxima a la raíz y guarde el resto perfectamente envuelto en el frigorífico (le durará al menos un mes si lo conserva bien).

Salpimente ligeramente la carne y úntela con una cucharada del aceite de oliva. Tápela y consérvela a temperatura ambiente mientras prepara el resto de los ingredientes.

Lleve a ebullición una cacerola con agua con sal y uno de los limones a rodajas para evitar que el salsifí se oxide. Lave el salsifí bajo el grifo, corte ambos extremos y pélelo. A medida que vaya pelando cada pieza, váyala cortando en trozos que quepan en el recipiente e introdúzcalos en el agua (baje el fuego de manera que siga cociendo, pero suavemente). Cuando termine, suba de nuevo el fuego y deje que se cuezan las raíces hasta que estén tiernas (podrá introducir un cuchillo fino y afilado). Escurra y déjelas enfriar.

Caliente una sartén grande o el grill y ase la carne hasta que adquiera color por ambos lados. Para este plato, preparé el solomillo en una pieza y después lo corté mientras lo iba sirviendo. Para cocinar una pieza grande, para que quede muy poco hecha, cuézala por los dos lados y déle la vuelta cada minuto para que se cueza de manera uniforme. Deje reposar la carne al calor al menos durante 15 minutos (así quedará jugosa).

Si ha soasado la carne en una sartén, utilícela para saltear los champiñones; en caso contrario, caliente una sartén limpia, vierta la mitad del aceite de oliva que queda y saltee los champiñones a fuego medio hasta que adquieran una textura blanda. Salpimente (sea generoso con la pimienta) y retírelos del fuego.

Corte el salsifí en diagonal y añádalo a los champiñones con la achicoria y la acedera, así como la mitad del raiforte. Mezcle el resto del raiforte con el zumo de limón y el aceite de oliva para preparar el aliño.

Para servir, distribuya la ensalada entre 4 platos y disponga la carne encima. Mezcle bien el aliño y viértalo sobre la carne.

ENSALADA DE SOLOMILLO POCO HECHO CON RAIFORTE ACEDERA, ACHICORIA, SALSIFÍ Y CHAMPIÑONES

800 g de solomillo de buey sin nervios ni grasa

sal y pimienta negra recién molida

5 cucharadas de aceite de oliva virgen extra

2 limones

4 salsifís silvestres (alrededor de 600 g en total)

8 champiñones grandes en láminas

1 achicoria de Treviso, a tiras finas (lo que se conoce como *chiffonade*)

1 ramillete de acedera sin los tallos

2 cucharadas de raiforte recién rallado (más o menos cantidad al gusto)

ENSALADA TIBIA DE CHULETA DE CERDO, CALABAZA, TAMARILLOS, BERROS Y PIPAS DE GIRASOL Y DE CALABAZA CON SALSA DE MANZANA Y SIDRA

Las chuletas de cerdo ofrecen una carne realmente deliciosa. Aunque contengan ciertas grasas que los que están a dieta intentan evitar, en esta ensalada aportan una jugosidad muy agradable.

También he utilizado tamarillos. Cuando era un muchacho, en Nueva Zelanda, los denominaban «tomates de árbol», ya que se asemejan a los tomates pera. Se trata de un fruto originario de los Andes peruanos que se cultiva comercialmente en Nueva Zelanda desde que tengo uso de razón. Si no los encuentra, no se preocupe: sustitúyalos por ciruelas o nectarinas verdes, ya que para este plato se precisa un sabor carnoso y ácido.

El método de cocción de las pipas es una técnica que mi colega, Michael, utiliza siempre que prepara tentempiés (forman parte de su pasado macrobiótico). Aunque normalmente se cocinan sin aceite, en esta receta aporta cierta jugosidad a la ensalada. Son sabrosas y muy adictivas.

600 g de calabaza, sin piel ni pipas

3 cucharadas de aceite de oliva y un poco más para untar las chuletas

1 puñado pequeño de pipas de calabaza

1 puñado pequeño de pipas de girasol

2 cucharadas de salsa de soja

sal y pimienta negra recién molida

4 chuletas de cerdo grandes, cada una de aproximadamente 200 g, con el hueso

3 tamarillos (o ciruelas), pelados y cortados en 6 trozos cada uno

1 ramillete de berros, sin los tallos gruesos

para la salsa de manzana y sidra

1 cebolla roja, a rodajas finas

1 cucharada de aceite de oliva

2 manzanas, sin corazón y cortadas en dados de 1 cm

1 cucharada de azúcar moreno

150 ml de sidra seca

100 ml de vinagre de sidra

Caliente el horno a 220 °C. Corte la calabaza en cuñas y dispóngalas en una placa para el horno forrada con papel sulfurizado. Salpimente y aderécela con 2 cucharadas de aceite de oliva; a continuación, añada ½ taza de agua caliente y ase la calabaza (cuando esté lista podrá introducir un cuchillo en la parte más gruesa). Tardará en cocerse alrededor de 40 minutos, en función del tamaño. La calabaza de pulpa densa tardará más tiempo en cocerse.

Caliente una sartén pequeña y añada el resto del aceite; incorpore las pipas y tuéstelas a fuego medio. Añada la salsa de soja. Remueva hasta que el líquido se evapore y déjelas enfriar en un plato.

Prepare la salsa de manzana y sidra. Saltee la cebolla en el aceite hasta que quede caramelizada y añada el resto de ingredientes. Cuézalos a fuego fuerte hasta que el líquido se haya evaporado casi por completo. Retire la sartén del fuego.

Salpimente las chuletas y úntelas con un poco de aceite. Caliente una sartén grande, un grill o una barbacoa y ase las chuletas a fuego entre medio y fuerte. No conozco a nadie a quien le gusten las chuletas casi crudas, de modo que téngalo en cuenta y vigile la cocción. La norma general consiste en hacerlas casi del todo por un lado sin darles la vuelta. Si la chuleta es aproximadamente del mismo grosor que las utilizadas en esta receta (alrededor de 2 cm), manténgala en el fuego durante 6 minutos, déle la vuelta y déjela 3 minutos más. Para comprobar si está hecha, practique un corte en la parte más gruesa y separe la carne: debe ser blanca, con un tono rosado muy leve. Mientras reposa acabará de hacerse. Apártelas del fuego y manténgalas calientes.

Mientras cocina las chuletas, pele los tamarillos. Si utiliza un cuchillo, el modo más sencillo consiste en retirar primero el tallo y cortar cada pieza en 6 trozos a lo largo, para pelarlas después con mucho cuidado. Si utiliza un pelador, retire el tallo, pele toda la pieza y córtela después en 6 trozos.

Para servir, distribuya la calabaza todavía caliente en 4 platos. Corte los huesos de las chuletas y deséchelos (no sin antes aprovechar la carne que quede adherida); corte las chuletas en trozos razonablemente finos y mézclelas con los berros, las cuñas de tamarillo y las pipas. Disponga esta mezcla sobre la calabaza y aliñe con la salsa.

ENSALADA TIBIA DE CHORIZO, ACEITUNAS, PATATAS, GUISANTES Y JUDÍAS VERDES CON ROQUETA Y AROS DE CEBOLLA CRUJIENTES

El chorizo constituye uno de los grandes alimentos del mundo. Básicamente, consiste en carne de cerdo picada con pimentón y, posteriormente, curada. Puede ser ligeramente picante o muy picante, y en algunos casos no necesita ningún tipo de cocción. No obstante, para esta receta (y la de la página 121) necesitamos chorizo para cocinar. Los aros de cebolla son los típicos que sirven con filete y patatas fritas en los restaurantes americanos (aunque los de esta receta son mucho más sabrosos), y aportan textura a la ensalada. Si no tiene tiempo de prepararlos o no le convencen, sustitúyalos por aros de cebolla cruda.

En primer lugar, prepare la pasta para rebozar (necesita reposar durante al menos 20 minutos). Tamice la harina, el azúcar, la sal y la levadura en un cuenco, y añada poco a poco la cerveza. Si lo hace en un chorrito ininterrumpido, será más difícil que queden grumos. Deje reposar la pasta durante 20 minutos, tapada con un paño o film transparente.

Cueza las patatas en abundante agua con sal y escúrralas. Córtelas por la mitad mientras todavía están calientes y mézclelas con el vinagre. Déjelas enfriar mientras termina de preparar la ensalada.

Pele el chorizo y córtelo en rodajas de 1 cm de grosor, aproximadamente. Caliente una sartén y cueza el chorizo a fuego medio hasta que las rodajas adquieran color por ambos lados (en ocasiones se ennegrece rápidamente, de modo que conviene estar muy atento). Dado que la carne ya está parcialmente curada, puede dejarla un poco cruda (si utiliza un chorizo de calidad no tiene que preocuparse por el hecho de que sus invitados vayan a ingerir carne de cerdo cruda).

Mientras cuece el chorizo, caliente a 180 °C una sartén o una cacerola con 3 cm de aceite vegetal. Separe la cebolla en aros y mézclelos con la harina; a continuación, páselos por la pasta para rebozar. Fría los aros de cebolla por tandas hasta que se doren (no haga demasiados a la vez, ya que se adheririrían). Escúrralos sobre papel de cocina mientras va friendo el resto y cuando termine manténgalos al calor.

Para el aliño, mezcle el zumo de limón o el vinagre con el aceite de oliva y salpimente ligeramente.

Para servir, mezcle las patatas con las judías, los guisantes, las aceitunas y la roqueta, y distribuya todo en cuatro platos. Vierta el aliño y añada el chorizo y los aros de cebolla.

400 g de patatas pequeñas

sal y pimienta negra recién molida

2 cucharadas de vinagre de vino blanco

600 g de chorizo (*véase* párrafo inicial)

aceite vegetal para freír

1 cebolla roja cortada en aros de 1 cm de grosor

2 cucharadas de harina

2 puñados de judías verdes blanqueadas y refrescadas en agua helada

1 puñado de guisantes blanqueados y refrescados en agua helada

1 puñado grande de aceitunas

2 puñados de roqueta

para la pasta para rebozar

175 g de harina

2 cucharaditas de azúcar

½ cucharadita de sal

1 cucharadita colmada de levadura en polvo

1 botellín (330 ml) de cerveza

para el aliño

2 cucharadas de zumo de limón o vinagre de vino blanco

2 cucharadas de aceite de oliva

ENSALADA DE BUEY AL ESTILO TAILANDÉS

CON CILANTRO, MENTA, LIMA Y CACAHUETES

La primera vez que probé una ensalada muy parecida a ésta fue en Melbourne en 1982, en un restaurante tailandés de Brunswick Street, y me sorprendió por su frescura. El sabor de la guindilla picante contrastaba con el azúcar de palma y se realzaba con la menta y el cilantro. Olía a «fresco», por decirlo de alguna manera. Cuatro años más tarde, durante un viaje por Tailandia, encontré diversas versiones de este plato, pero todas con la misma filosofía básica de picante, dulce y hierbas. Desde entonces, he preparado este plato en numerosas ocasiones, y en el restaurante The Sugar Club, donde fui chef jefe durante varios años, lo incluí en el menú con carne de canguro. Se convirtió en un éxito inmediato entre los clientes y se sirvió hasta que yo me marché. También lo he preparado con salmón y atún, así como con pato poco hecho. Resulta excelente como entrante (en este caso, para 6-8 personas) o como parte de un bufet de inspiración asiática. Puede elaborarlo con cadera o solomillo. Para esta receta, yo he utilizado solomillo.

2 cucharaditas de aceite vegetal (el de cacahuete resulta perfecto en este plato)

600 g de solomillo de buey (*véase* párrafo inicial) sin nervios ni grasa

sal y pimienta negra recién molida

3 cucharadas de arroz blanco

3 escalonias alargadas, cortadas finas (o 4-6 escalonias normales)

2 puñados de cacahuetes tostados pelados, partidos (o bien utilice los cacahuetes caramelizados; *véase* pág. 10)

1 puñado de hojas de menta, sin los tallos y con las hojas grandes partidas por la mitad

3 cogollos o 1 lechuga grande

para el aliño de cilantro y lima

1 manojo de cilantro, a ser posible con las raíces

1-2 guindillas rojas picantes, groseramente picadas (más o menos cantidad al gusto, aunque a este plato le va bien un poco de picante)

2 dientes de ajo, pelados

1/2 cucharadita de sal

ralladura muy fina de 2 limas y 150 ml de zumo de lima (6-8 limas)

2 cucharadas colmadas de azúcar de palma rallado (también puede utilizar azúcar moreno)

1 cucharadita de salsa de pescado tailandesa

1 cucharadita de salsa de soja

Unte la carne con aceite, ayudándose de un pincel, y salpiméntela ligeramente. Déjela reposar durante 15 minutos a temperatura ambiente tapada con film transparente.

Caliente una sartén grande o un grill (o incluso una barbacoa). Cueza la carne a fuego bastante fuerte hasta que adquiera un color marrón oscuro por ambos lados sin que se queme; retírela de la sartén y déjela reposar a temperatura ambiente durante 15 minutos (así evitará que sangre cuando la corte).

Mientras la carne reposa, prepare el aliño en un mortero o en un robot de cocina pequeño (aunque es preferible el mortero cuando se trata de pequeñas cantidades). Si el cilantro tiene las raíces, córtelas, deseche la mitad y lave bien la otra. Pique la cantidad necesaria para obtener 1 cucharadita e introdúzcala en el mortero con las guindillas, el ajo y la sal; maje todo hasta obtener una pasta. Ralle muy fina la cáscara de dos limas y exprímalas todas; incorpore la ralladura al mortero con el azúcar de palma y mezcle todo bien. Añada el zumo de lima, las salsas de pescado y de soja, y remueva bien para desleír el azúcar. Pruebe la salsa y rectifique con más azúcar o más salsa de pescado, dependiendo de si necesita más dulzor o un sabor más salado. Separe las hojas de los tallos de cilantro y córtelos en trozos de 1 cm; ponga las hojas y los tallos en un cuenco.

Saltee el arroz a fuego medio en una cacerola pequeña hasta que adquiera un tono dorado claro; remueva con frecuencia. Cuando esté listo, retírelo del fuego y deje que se enfríe; a continuación, muélalo (pero sin reducirlo a polvo) en un molinillo o cháfelo en el mortero.

Cuando la carne haya reposado el tiempo suficiente, córtela bien fina. Disponga los filetes en un cuenco con las escalonias, la mitad de los cacahuetes y casi todas las hojas de menta y cilantro. Vierta el aliño y mezcle bien.

Para servir, distribuya las hojas de lechuga en 4 platos y coloque encima la ensalada de ternera. Reparta el resto de los cacahuetes, el arroz y las hierbas, y sirva.

Se trata de una deliciosa ensalada de invierno. La remolacha es una hortaliza muy infravalorada (recuerdo la ocasión en que, en 1992, se inauguró en Chelsea, en Londres, un restaurante con chef australiano y varios críticos de renombre comentaron el uso excesivo de remolacha; creo que aparecía en dos o tres platos). ¡Cómo cambian los tiempos! En los últimos años, restaurantes de todo el Reino Unido han empezado a utilizar de nuevo esta hortaliza.

Si compra remolachas crudas, puede prepararlas de varias maneras. Yo prefiero envolver las remolachas limpias en papel de aluminio y hornearlas a 180°C hasta que se puede introducir un cuchillo fino hasta el centro (alrededor de 1 hora para las remolachas pequeñas, del tamaño de una pelota de tenis). Cuando lave remolachas, evite rascar la piel, ya que tiñen. Otra alternativa consiste en introducir las remolachas en una cacerola, cubrirlas con agua fría y añadir 120 ml de vinagre y 1 cucharadita de sal por cada litro de agua. Se deben cocer hasta que se pueden atravesar con una broqueta. En cualquier caso, pélalas cuando se hayan enfriado un poco (y utilice guantes; véase pág. 42).

ENSALADA DE CADERA ASADA, ESPINACAS, CHIRIVÍAS CHAFADAS Y COLINABO CON REMOLACHA, RAIFORTE Y PEREJIL

Salpimente ligeramente los filetes y manténgalos a temperatura ambiente, tapados con film transparente, mientras prepara el resto de los ingredientes.

Introduzca las chirivías, los colinabos y el romero en una cacerola y cúbralos con agua fría. Añada 1 cucharadita de sal, lleve a ebullición y deje cocer las hortalizas hasta que estén tiernas. Escúrralas.

Vuelva a colocar la cacerola sobre el fuego, añada la mantequilla y dórela. Incorpore el tomillo y las hortalizas de nuevo, y cháfelas un poco. Salpimente y manténgalas al calor.

Corte la mitad de la remolacha en dados pequeños o rállela y dispóngala en un cuenco; a continuación, pique en trozos grandes el resto de la remolacha e introdúzcala en una batidora con el ajo, el raiforte, el vinagre y el aceite de oliva. Reduzca a un puré fino y añádalo a las remolachas en dados; incorpore el perejil y mezcle todo. Salpimente.

Lleve a ebullición una cacerola con agua, o utilice una vaporera, y cueza durante unos segundos las espinacas; escúrralas y elimine la mayor cantidad de agua posible. Corte las hojas en trozos no demasiado pequeños.

Caliente un grill (o una sartén grande) y unte los filetes con un poco de aceite de oliva por ambos lados. Si son de 1,5 cm de grosor, aproximadamente, cuézalos a fuego fuerte durante 3 minutos; déles la vuelta y manténgalos al fuego 2 minutos más. Si lo desea, puede cocerlos más. Para comprobar el grado de cocción, practique un corte en la parte más gruesa de un filete con un cuchillo afilado y observe el color de la carne. Deje reposar los filetes durante 10 minutos en un lugar cálido (por ejemplo, el horno a 100°C) mientras prepara el plato.

Para servir, reparta las hortalizas chafadas en cuatro platos. Corte los filetes en trozos de 1 cm de grosor y mézclelos con las espinacas; sírvalos encima de las hortalizas. Distribuya la ensalada de remolacha, y decore con los aros de cebolla escurridos.

4 filetes de cadera de buey, cada uno de 200 g aproximadamente

sal y pimienta negra recién molida

400 g de chirivías, cortadas en trozos medianos

400 g de colinabos, cortados en trozos medianos

2 cucharadas de hojas de romero fresco

100 g de mantequilla

1 cucharada de hojas de tomillo fresco

200 g de remolacha cocida

1 diente de ajo, pelado

2 cucharadas de raiforte rallado (también puede utilizarlo en pasta)

3 cucharadas de vinagre de vino tinto

3 cucharadas de aceite de oliva virgen extra, y un poco más para untar los filetes

2 puñados grandes de perejil

400 g de espinacas

1 cebolla roja, cortada en aros finos, enjuagada con agua fría y puesta en remojo en agua helada en el frigorífico

ENSALADA DE CHORIZO Y MORCILLA NEGRA

CON HUEVO PASADO POR AGUA, HABAS, RÁBANO Y PERA, CON UN ALIÑO DE SALVIA

Esta ensalada constituye un plato consistente y repleto de proteínas. La morcilla negra quizá no sea del gusto de todos, pero si no es su caso, le encantará este modo de prepararla. La morcilla negra que utilizamos en el restaurante The Providores procede de Stornaway (en la isla de Lewis, en Escocia); es muy grande (alrededor de 7 cm de diámetro), de textura seca y sabor delicioso. No obstante, la morcilla negra se encuentra disponible en muchos establecimientos y supone una sabrosa adición a la dieta. Por cierto, también me encanta el haggis (embutido típico escocés a base de asaduras de cordero), de manera que es posible que si no le gustan las vísceras tampoco le guste este plato. De todos modos, puede preparar esta ensalada sin el chorizo o la morcilla y acompañar la base vegetal con pescado a la plancha (por ejemplo, caballa o pez espada) o con pollo hervido, o incluso servir las verduras solas.

Para preparar el aliño de salvia, caliente una sartén pequeña y añada 2 cucharadas de aceite de oliva. Fría la salvia hasta que empiece a chisporrotear, añada el vinagre y la salsa de soja y retire la sartén del fuego. Incorpore el resto del aceite.

Para pasar los huevos por agua, lleve a ebullición una cacerola con agua e introduzca los huevos (lo mejor es sumergirlos con cuidado con una espumadera). Para pasar por agua un huevo mediano, manténgalo en el fuego durante 4 minutos, escúrralo y sitúe la cacerola bajo el grifo durante 3 minutos. Pele los huevos.

Mientras se cuecen los huevos, caliente una sartén sin grasa y cueza la morcilla y el chorizo (no es necesario añadir aceite, ya que tienen suficiente grasa). Tal vez le resulte más sencillo si los cuece por tandas y los mantiene calientes en el horno a 150°C.

Mientras tanto, corte las peras en dados y mézclelas con los rábanos, las habas y el zumo de limón. Salpimente ligeramente.

Para servir, mezcle las hojas de lechuga con la ensalada de pera y reparta la preparación en cuatro platos. Coloque encima el chorizo y la morcilla, y, a continuación, un huevo (entero o partido por la mitad). Vierta el aliño caliente en el momento de servir.

4 huevos

250 g de morcilla negra, en rodajas (pelada)

600 g de chorizo para freír (*véase* pág. 115), cortado en diagonal

3 peras limpias

12 rábanos, en rodajas finas

300 g de habas, desgranadas (800 g con vaina)

2 cucharadas de zumo de limón

sal y pimienta negra recién molida

2 puñados de hojas crujientes (cogollos o lechuga romana)

para el aliño de salvia

4 cucharadas de aceite de oliva virgen extra

10 hojas de salvia, picadas

2 cucharadas de vinagre de vino tinto

2 cucharadas de salsa de soja

ENSALADA DE CORDERO, DÁTILES, ACEITUNAS, TOMATES Y FETA
CON ALIÑO DE MIEL

Esta ensalada me recuerda a las de Grecia y Turquía. Básicamente, se trata de una ensalada de tomate y feta con otros ingredientes y adornada con cordero. Es rápida y fácil de preparar. El aliño de miel constituye una novedad que combina a la perfección con la acidez de los tomates y la sal del feta. Intente comprar feta elaborado al estilo tradicional con leche de oveja. Lo encontrará mucho más sabroso que el feta de leche de vaca.

Puede preparar el cordero en el horno, como describo a continuación, o en una barbacoa. Yo, en casa, suelo prepararlo en la sartén. Debe utilizar una sartén de fondo grueso y con una tapa que cierre bien. Cueza el cordero a fuego fuerte con la tapa puesta y déle la vuelta constantemente para que se cueza de forma regular. La tapa mantiene el calor, permite que la carne se cocine por arriba y por abajo, y, al mismo tiempo, conserva la humedad.

800 g de lomo de cordero, sin nervios ni grasa

sal y pimienta negra recién molida

4 cucharadas de aceite de oliva virgen extra

3 cucharadas de miel clara

2 cucharadas de vinagre de sidra

6 tomates pera, cada uno cortado en 8 rodajas

200 g de feta, cortado en trozos grandes

12 dátiles cortados por la mitad deshuesados

4 cebollas tiernas, cortadas en rodajas

1 puñado grande de aceitunas

1 puñado grande de brotes (*véase* pág. 16)

zumo de 1 limón

Caliente el horno a 180 °C. Salpimente el cordero y frótelo con 1 cucharada de aceite. Caliente una cazuela refractaria y cuando esté lista dore rápidamente el cordero. A continuación, introdúzcalo en el horno y áselo entre 4 y 10 minutos. Con 4 minutos obtendrá una carne medio hecha; con 10, muy hecha. Mantenga el cordero en el horno con la puerta entreabierta; déjelo reposar así durante 10 minutos.

Incorpore la miel y el vinagre de sidra a la cacerola todavía caliente y espere a que se formen burbujas; vierta la mezcla en un cuenco con 2 cucharadas de aceite de oliva y un poco de sal y pimienta. El aliño ya está listo.

Mezcle los tomates, el feta, los dátiles, las cebollas tiernas, las aceitunas y el resto del aceite y deje reposar todo 1 minuto.

Cuando el cordero haya reposado, incorpore los brotes y el zumo de limón a la ensalada y distribuya todo en 4 platos.

Para servir, corte el cordero en filetes finos y distribúyalos por encima de la ensalada. Por último, vierta el aliño.

ENSALADA DE CARPACCIO DE VENADO

CON BERENJENA ESPECIADA, LIMA Y COMINO

Si el clásico carpaccio italiano de buey (filetes crudos muy finos) es hoy un plato habitual en los menús (he llegado a ver carpaccio de piña, cosa que me parece muy extraña), también me gusta el de venado (especialmente el de granja, ya que no tiene un sabor tan pronunciado a caza como el salvaje). Esta ensalada de berenjena también combina a la perfección con pescado crudo y puede servirse como si se tratara de unas tapas. Los restaurantes juegan con ventaja a la hora de cortar la carne para el carpaccio; acostumbran a introducirla en el congelador hasta que está casi congelada, momento en el que la cortan con una máquina. No obstante, a continuación mostraré un modo más casero de prepararla.

2 cebollas rojas, cortadas en rodajas muy finas

ralladura muy fina de 4 limas jugosas y zumo de 2 limas

2 berenjenas, cortadas en dados de 2 cm

aceite vegetal para freír

4 cucharadas de aceite de oliva virgen extra, y un poco más para aliñar

1 cucharadita de semillas de comino

1 pizca generosa de copos de guindilla

1 diente de ajo a rodajas finas

600 g de solomillo de venado, sin nervios ni grasa y muy frío

1 puñado pequeño de hojas planas de perejil

2 cebollas tiernas a rodajas finas

1 manojo de cilantro con las hojas separadas y la mitad de los tallos picados muy finos

Ponga las cebollas cortadas en un cuenco con la ralladura de lima y el zumo y mezcle bien. Tape el cuenco y consérvelo en el frigorífico durante 1 hora.

Para freír las berenjenas, puede utilizar una sartén o un *wok*. Caliente el aceite a 180°C y fríalas en dos tandas. Cuando se doren, retírelas del aceite y escúrralas sobre papel de cocina; a continuación, resérvelas en un cuenco.

Vierta las 4 cucharadas de aceite de oliva virgen extra en una sartén pequeña con las semillas de comino, la guindilla y el ajo. Saltee estos ingredientes hasta que el ajo se dore, sin dejar de mover la sartén; vierta la mezcla sobre las berenjenas. Añada las cebollas con su líquido, junto con el perejil y las cebollas tiernas. Mezcle con cuidado.

Ponga 4 platos llanos en el frigorífico y saque la carne. Corte lonchas de 1 cm de grosor, aproximadamente; dispóngalas en otro plato y consérvelas en el frigorífico. Tome un trozo de film transparente de aproximadamente 1 m de largo y dóblelo, de manera que quede una pieza doble de 50 cm. Como alternativa, utilice una bolsa de plástico o papel sulfurizado. Tome una loncha de carne, colóquela en el centro del plástico (aproximadamente a una tercera parte de la izquierda), doble la otra mitad por encima y aplane ligeramente la carne desde el centro hacia los lados, hasta que quede fina y uniforme.

Para servir, cubra la base de cada plato con las lonchas de venado, coloque un montoncito de ensalada de berenjena en el centro, distribuya el cilantro y vierta un chorrito de aceite de oliva virgen extra y una pizca de sal.

ENSALADA DE LOMO DE CORDERO CON CORTEZA DE ROMERO, AJO CONFITADO, TOMATE ASADO, GUISANTES Y BERROS CON ALIÑO DE ACEITUNAS Y MENTA

Esta ensalada se puede servir tibia o fría. Cabe la posibilidad de preparar el cordero en el último momento o tenerlo listo algunas horas antes y cortarlo después. También se pueden preparar los tomates y los ajos con algunos días de antelación si quiere ahorrar tiempo el día en que vaya a servir este plato; sólo tendrá que cocinar el cordero una o dos horas antes de servirlo.

La cantidad de aceite de oliva para preparar los ajos puede parecer excesiva, pero es preciso que queden completamente cubiertos para que salgan bien. Considérelo un modo de elaborar un ingrediente delicioso para otras comidas, ya que podrá emplear el aceite que le sobre para aliñar ensaladas o para un adobo, para mezclar con un puré de patatas o para conferir sabor a carnes asadas o guisadas.

3 cucharadas de hojas de romero fresco

1 cucharadita de sal gorda

10 granos de pimienta negra

3 cucharadas de aceite de oliva virgen extra

800 g de solomillo de cordero, sin nervios ni grasa

2 puñados grandes de berros (las hojas y una parte muy pequeña de los tallos)

2 puñados grandes de guisantes de azúcar, blanqueados y refrescados en agua helada

1 limón cortado en 4 rodajas

para el ajo confitado

16 dientes de ajo con la piel

250 ml de aceite de oliva virgen extra

para los tomates asados

8 tomates medianos

2 cucharaditas de aceite de oliva virgen extra

sal y pimienta negra recién molida

para el aliño de aceitunas y menta

1 puñado de aceitunas deshuesadas

1 puñado de hojas de menta

4 cucharadas de zumo de limón

Puede preparar los ajos confitados de dos maneras: sobre el fuego o en el horno (esta última opción es preferible en el caso de grandes cantidades). Para prepararlos en el horno, caliéntelo a 170°C. Disponga los ajos en un cazo pequeño y vierta el aceite y 100 ml de agua. lleve a ebullición y pase el líquido y los ajos a una fuente refractaria del tamaño suficiente para que los ajos no queden apretados; tápela bien y hornee durante 90 minutos. Estarán listos cuando los dientes de ajo se aplasten fácilmente al ejercer presión con los dedos; si le parece que están un poco firmes, déjelos más tiempo. Para prepararlos sobre el fuego, vierta la misma cantidad de aceite y ajo en una cacerola pequeña, añada ½ taza de agua caliente y lleve a ebullición. Baje el fuego y deje cocer durante 45-60 minutos. Estarán listos cuando el agua se haya evaporado por completo.

Para preparar los tomates asados, córtelos por la mitad a lo ancho y dispóngalos en una placa forrada con papel sulfurizado. Rocíe con aceite, salpimente y hornee durante 1½-2 horas, hasta que los tomates reduzcan su tamaño y adquieran un poco de color. Se pueden asar en el horno con los ajos. Si los prepara con antelación, déjelos enfriar antes de colocarlos, formando una sola capa, en una placa, y consérvelos en el frigorífico (perfectamente sellados con film transparente).

Reduzca a una pasta el romero, la sal gorda, los granos de pimienta y el aceite en un mortero (también puede utilizar un robot de cocina). Frote el cordero con esta preparación y envuélvalo en film transparente; déjelo reposar durante 1 o 2 horas.

Para preparar el aliño, pique las aceitunas y las hojas de menta. Mézclalas con 3 cucharadas del aceite de los ajos y reserve.

Una hora antes de comer, caliente el horno a 180°C. Ponga al fuego una cacerola grande refractaria hasta que empiece a humear, desenvuelva el cordero e incorpórelo. Cuézalo 1 minuto por cada lado, introduzca el recipiente en el horno y ase la carne durante 7 minutos si le gusta medio hecha y 10 minutos si la prefiere más hecha. Saque el cordero del horno y déjelo reposar en un lugar cálido (no caliente) durante al menos 10 minutos antes de cortarlo.

Para servir, termine el aliño con el zumo de limón y rectifique la sal y la pimienta. Mezcle el ajo confitado, los berros, los guisantes, los tomates y el cordero en un cuenco grande y distribuya en 4 platos. Sirva el aliño en un cuenco y las rodajas de limón en un lado de los platos.

ENSALADA DE HIGOS A LA PARRILLA, BEICON, JUDÍAS «BORLOTTI», TOMATE Y MESCLUN

En agosto de 2004 me encontraba en la ciudad costera de Lerice, en Liguria, con mi compañero Michael y nuestros buenísimos amigos Stephen y Marina para celebrar el nacimiento, seis meses antes, de su hijo Raphael. El precioso apartamento en el que nos alojábamos, situado en una ladera y decorado al estilo de la década de 1960, pertenecía a la hermana de Marina y compartía una playa privada con cuatro viviendas más. Una mañana apareció el jardinero con los primeros higos de la temporada y unas fresas silvestres del bosque cercano. Servimos los higos verdes con lonchas de tocino de Colonnata, algunas verduras amargas locales, tomates y judías borlotti del mercado del sábado. Ésta es una variante de aquella ensalada.

Desgrane las judías e introdúzcalas en una cacerola; cúbralas con la suficiente agua fría. Lleve a ebullición y elimine la espuma que se vaya formando; a continuación, incorpore las hierbas, las cebollas, la guindilla y el ajo, y baje el fuego. Deje cocer todo durante 30-45 minutos por debajo del punto de ebullición. Las judías deben quedar apenas cocidas. Si el agua de cocción desciende por debajo del nivel de las judías, añada más agua hirviendo. Apague el fuego y añada 1½ cucharadita de sal; remueva y deje enfriar por completo. Las judías se pueden conservar en el frigorífico hasta 4 días, siempre y cuando estén cubiertas con el agua de cocción.

Escurra las judías y reserve únicamente 2 cucharadas del caldo para verterlo después sobre las judías. Retire las hierbas; coloque junto con las judías las hojas de tomillo que se hayan deprendido y el ajo. Corte los tomates en dados pequeños y añada la mitad a las judías, junto con 2 cucharadas de aceite de oliva y un poco de pimienta negra recién molida. Mezcle y reserve.

Pincele la parte cortada de los higos con 1 cucharada del resto del aceite, salpimente y áselos a la barbacoa, la plancha o bajo el grill caliente, hasta que se caramelicen (de hecho, la fructosa que contienen es la que se carameliza). Retírelos del fuego e introdúzcalos en un plato caliente. Ase el beicon hasta que quede crujiente y resérvelo junto a los higos.

Para servir, exprima uno de los limones sobre las judías y mezcle bien. Pruebe y rectifique el aderezo si lo cree necesario, y reparta la mezcla en 4 platos. Corte el otro limón en 4 gajos. Coloque las hojas de lechuga sobre las judías y oculte entre ellas 3 mitades de higo. Coloque encima 2 lonchas de beicon, añada los dados de tomate, rocíe con el resto del aceite y sirva con una rodaja de limón.

700 g de judías *borlotti* frescas (o cualquier otro tipo de judías)

1 rama de romero de 10 cm

1 hoja de laurel

8 tallos de tomillo fresco

1 cebolla pequeña, pelada y partida por la mitad

¼ de guindilla roja, finamente picada

1 diente de ajo, con su piel

sal y pimienta negra recién molida

6-8 tomates

5 cucharadas de aceite de oliva virgen extra

6 higos maduros, cortados por la mitad a lo largo

8 lonchas de beicon ahumado

2 limones grandes y jugosos

2 puñados de mesclun (diferentes hojas de lechuga)

Ensaladas **variadas** con la adición de todo tipo de proteínas

ENSALADA DE POLLO, LANGOSTINOS, AGUACATE, PACANAS Y MANGO

CON COGOLLOS, BERROS Y BROTES

Se trata de otra ensalada preparada con «lo que hay en el frigorífico». No es necesario medir muchas cantidades ni asegurarse de que todo esté perfectamente pesado. Puede preparar un pollo para la ocasión o comprarlo ya hecho. Además, no importa si se ha guisado, o si se ha cocinado al vapor, al horno o a la parrilla. Lo mismo ocurre con los langostinos: puede cocerlos en casa o comprarlos listos para servir.

1 pollo grande cocido

2 aguacates

1 mango grande

12-20 langostinos cocidos pelados (la cantidad depende del tamaño de los langostinos y del apetito de los comensales)

1 puñado grande de pacanas, tostadas

3 cogollos

1 manojo de berros, sin los tallos más gruesos

2 cucharadas de zumo de limón o vinagre de sidra

3 cucharadas de aceite de aguacate

sal y pimienta negra recién molida

1 puñado de brotes (*véase* pág. 16)

Separe la carne de las pechugas y los muslos del pollo, y desmenúcela o córtela en trozos.

Corte los aguacates por la mitad y deshuéselos; extraiga la carne, córtela en trozos y mézclela con el pollo.

Pele el mango y separe las mitades del hueso; córtelas en trozos y añádalos al pollo con los langostinos, las pacanas, las hojas de cogollo y los berros.

Prepare el aliño. Para ello, mezcle el zumo de limón con el aceite de aguacate y salpimente ligeramente.

Para servir, mezcle la ensalada con la mitad del aliño, distribuya en 4 platos e incorpore los brotes. Rocíe con el resto del aliño.

ENSALADA DE CALAMAR

CON HIERBAS Y ACEITE DE OLIVA, CHORIZO, JUDÍAS BLANCAS, «ARAME», GUISANTES Y PATATAS BABY

El calamar y el chorizo forman una combinación por la que siento predilección y sobre la que ya he escrito en otro libro. El carácter graso del chorizo, realzado con las notas picantes del pimentón, combina a la perfección con la suavidad del calamar. Básicamente existen dos tipos de chorizo: fresco, para cocinar, y curado, para comer crudo. Para esta receta necesitamos chorizo fresco, que puede ser más o menos picante, o dulce.

El arame es un alga negra procedente de Japón que normalmente se vende seca. Resulta sencilla de utilizar y se encuentra disponible en comercios de productos naturales y de alimentos japoneses. Puede sustituirla por hijiki o por otras algas secas o frescas.

Para esta receta he utilizado judías blancas alargadas en conserva. Si desea prepararlas en casa, cuézalas con agua hirviendo y añada sal antes de que estén al dente. Esta ensalada se puede servir caliente o fría.

Ponga el *arame* y la salsa de soja en un cuenco pequeño resistente al calor, cúbralos con agua hirviendo y deje que las algas se hidraten (unos 30 minutos).

Puede limpiar el calamar de dos maneras: la más sencilla consiste en pedir al pescadero que lo haga; si decide limpiarlo usted mismo, vivirá una agradable experiencia táctil. Separe los tentáculos y las tripas de la cabeza de una sola vez. Observará que en esta parte separada se incluyen los ojos: corte los tentáculos justo por debajo. Retire el pico (se encuentra en el centro de los tentáculos; sólo tiene que empujarlo hacia fuera y desecharlo). Introduzca los tentáculos en un cuenco. Retire la fina membrana que cubre la cabeza y separe las aletas (pélelas). Practique un corte con un cuchillo afilado en la cabeza y ábrala para obtener una gran pieza triangular. Córtela en tiras finas como espaguetis. Corte las aletas del mismo tamaño y póngalas en otro cuenco.

Saltee la mitad de los aros de cebolla en una sartén grande con todo el aceite, a excepción de 2 cucharadas; cuando adquieran una textura blanda, incorpore la guindilla, las hierbas y la mitad del ajo. Continúe la cocción a fuego entre medio y fuerte, removiendo con frecuencia, hasta que el ajo adquiera color.

Al mismo tiempo, lleve a ebullición una cacerola con agua con un poco de sal e incorpore los tentáculos del calamar. Cuente hasta 10 y añada las tiras de la cabeza y las aletas. Cuando transcurran 5 segundos más, escurra todo en un colador.

Añada el calamar a las cebollas y ponga a fuego medio. Cueza todo durante 1 minuto; remueva con frecuencia. Salpimente e incorpore la mitad del zumo de limón. Retire del fuego.

Añada las 2 cucharadas de aceite que había reservado en una sartén caliente y caramelice el resto de la cebolla y el ajo. Incorpore las judías y ½ taza de agua fría. lleve a ebullición y deje cocer durante 5 minutos. Pruebe, rectifique el aderezo, y reserve.

Ase o fría el chorizo a la parrilla, sin aceite, durante 1 minuto aproximadamente por cada lado (se chamuscará un poco). Manténgalo al calor mientras termina la ensalada. Corte los guisantes en diagonal y las patatas por la mitad a lo largo.

Para servir, mezcle las judías con el perejil y las patatas, y distribuya todo en 4 platos. Coloque el chorizo encima. Mezcle el calamar con el *arame* escurrido, los guisantes y el zumo de limón, y reparta esta preparación en los platos.

---

1 puñado pequeño de *arame* seco (*véase* párrafo inicial)

1 cucharada de salsa de soja

600 g de calamares medianos (cabeza de 12-15 cm de longitud) limpios (*véase* párrafo inicial)

2 cebollas rojas medianas, cortadas en aros

150 ml de aceite de oliva virgen extra

1 guindilla roja, finamente picada

2 cucharadas de hojas de tomillo fresco

1 cucharada de orégano

2 hojas de laurel partidas por la mitad

10 dientes de ajo, a rodajas

sal y pimienta negra recién molida

5 cucharadas de zumo de limón

400 g de judías blancas enlatadas, escurridas

300 g de chorizo para cocinar (*véase* párrafo inicial), cortado en diagonal en piezas de 5 mm de grosor

1 puñado grande de guisantes de azúcar, blanqueados y refrescados en agua helada

300 g de patatas baby o de las variedades Anya, Pink Fir o La Ratte, cocidas y escurridas

1 puñado de perejil de hoja plana

ENSALADA DE BEICON, QUESO DE CABRA, TOMATES SECOS Y UVAS AL HORNO CON ALIÑO DE AGUACATE, CREMA Y ESTRAGÓN

Ni demasiado ligera ni excesivamente pesada, esta ensalada resulta perfecta para un almuerzo estival, aunque también se puede servir en otoño. Si no toma beicon, prescinda de él o sustitúyalo por langostinos, pollo o incluso setas silvestres salteadas. Si puede conseguir beicon en una pieza, mucho mejor: quítele la corteza y córtelo en lonchas de 5 mm de grosor. Ponga 4 lonchas, una encima de otra, y córtelas en tiras de 5 mm de grosor. Si sólo dispone de beicon en lonchas, no se preocupe: quíteles la corteza y córtelas del mismo modo.

El queso de cabra está disponible en rodajas grandes o en barra. Por lo general, tiene una corteza blanca (aunque existen muchas variedades, incluida una cuya corteza es negra porque se pasa por cenizas). Si no le entusiasma el queso de cabra, es una pena (como soy un chef indulgente, le permito que lo sustituya por casi cualquier queso, excepto Cheddar y similares).

8 tomates maduros medianos, partidos por la mitad

3 dientes de ajo, cortados muy finos

6 cucharadas de aceite de oliva virgen extra o aceite de aguacate

sal y pimienta negra recién molida

2 puñados grandes de uvas

300 g de queso de cabra (*véase* párrafo inicial)

300 g de tiras de beicon ahumado (*véase* párrafo inicial)

la pulpa de 1 aguacate grande partido por la mitad y deshuesado

2 cucharadas de zumo de limón

100 ml de crema acidificada

3 cucharadas de hojas de estragón fresco

2 puñados grandes de hojas variadas para ensalada (para esta ensalada cualquier variedad es adecuada; puede elegir entre lechuga romana, hoja de roble, roqueta, berros, endibia roja o diente de león)

Caliente el horno a 170 °C y forre una fuente para hornear con papel sulfurizado. Disponga encima los tomates, con la parte del corte hacia arriba. Reparta el ajo fileteado entre los tomates, rocíe con 1 cucharada de aceite, salpimente ligeramente y hornee durante 1 hora.

Mezcle las uvas y 1 cucharada de aceite e incorpórelas a la fuente; cuézalas junto con los tomates durante 30 minutos más. Transcurrido este tiempo, los tomates reducen su tamaño, igual que las uvas. Si los tomates adquieren color rápidamente, sáquelos o apague el horno.

Corte el queso de cabra en trozos de 1 cm (es posible que se desmenuce, de modo que no tienen que ser dados perfectos) y coloque un trozo encima de cada mitad de tomate. Apague el horno y mantenga los tomates calientes. Ponga el resto del queso en un cuenco.

Caliente una sartén, añada otra cucharada de aceite e incorpore las tiras de beicon. Fríalas a fuego entre medio y alto, hasta que se doren y se tornen crujientes; remueva con frecuencia para evitar que se adhieran o se quemen. Cuando estén listas, escúrralas sobre papel de cocina y manténgalas calientes.

Chafe el aguacate con el resto del aceite de oliva, el zumo de limón, la crema y la mitad del estragón. Puede utilizar un robot de cocina pequeño o una batidora. Salpimente y reserve.

Para servir, reparta los tomates en 4 platos y disponga encima las hojas para ensalada. Vierta la mezcla de aguacate y reserve un poco para servir aparte. Mezcle las uvas todavía calientes con el resto del queso y el beicon, y vierta todo sobre la ensalada. Añada el estragón.

ENSALADA TIBIA DE «CONFIT» DE PATO, JUDÍAS BLANCAS Y CHORIZO

SOBRE ESPINACAS Y BONIATO ASADO CON UVAS ESPINAS

Esta ensalada resulta ideal para otoño e invierno. Los sabores son pontentes y los ingredientes no precisamente ligeros. La mejor manera de describir el confit *de pato es como pato cocinado en su propia grasa, cosa que puede parecer excesiva; en realidad, se trata de un producto delicioso. El pato se cuece muy lentamente durante varias horas, con lo que queda tierno y jugoso. Cuando se calienta en el horno queda delicioso, con la carne desprendida del hueso. Encontrará* confit *de pato en los establecimientos especializados en productos franceses o en los mejores supermercados.*

He completado esta ensalada con un tarro de judías mantequeras muy grandes, que también son ricas y saciantes, así como con castañas enteras envasadas al vacío. Las uvas espinas aportan una nota ácida y el aliño de brandy un aroma que, combinado con el resto de los ingredientes, hace que esta comida resulte un auténtico placer cuando en el exterior hace frío.

2 boniatos entre medianos y grandes, sin pelar y cortados en rodajas de 2 cm de grosor

sal

4 muslos de *confit* de pato

500 g de espinacas

250 g de chorizo para cocinar, cortado en diagonal en rodajas de 1 cm de grosor

150 g de castañas (envasadas al vacío)

200 g (peso escurrido) de judías mantequeras cocidas

3-4 chorritos de brandy (también puede añadir un buen ron añejo o whisky)

1 puñado grande de uvas espinas

Caliente el horno a 180°C y forre una fuente grande refractaria con papel sulfurizado. Introduzca las rodajas de boniato en una cacerola grande con agua hirviendo con sal y cuézalas hasta que casi pueda atravesarlas con una broqueta de madera. Sáquelas con cuidado del agua y colóquelas en un plato.

Disponga el pato, con la piel hacia arriba y su propia grasa, en la fuente refractaria y áselo durante 20 minutos. Transcurridos 5 minutos, añada las rodajas de boniato y salpiméntelas bien.

Mientras tanto, blanquee las espinacas y escúrralas (no las refresque con agua fría).

Caliente una sartén grande e incorpore el chorizo (intente que quepa en una sola capa para que se fría de manera uniforme). Cuando las rodajas hayan tomado color por un lado, agrúpelas en un lado de la sartén y añada las castañas. Saltéelas hasta que se doren un poco, incorpore las judías y el brandy, y mantenga todo en el fuego hasta que casi todo el líquido se haya evaporado. Añada las espinacas a la sartén y mezcle todo bien.

Para servir, reparta el boniato asado en 4 platos y distribuya por encima la ensalada de espinacas. Separe la carne del pato de los huesos (el hueso del muslo y contramuslo se desprenderán fácilmente; en cambio, no ocurre lo mismo con un hueso más pequeño). Si no le gusta la piel, retírela (debe salir con facilidad). En caso contrario, corte la carne en trozos y distribúyalos sobre la ensalada. Reparta las uvas espinas y sirva mientras el plato todavía está caliente.

ENSALADA DE OSTRAS REBOZADAS A LA CERVEZA, BERROS, SETAS «SHIITAKE» Y PUERROS CRUJIENTES SOBRE BUEY CRUDO CON ALIÑO DE JENGIBRE

Esta ensalada es una auténtica delicia (Lewis, el editor de este libro, y yo nos la comimos después de fotografiarla), al mismo tiempo que un plato elegante. Si no le entusiasman las ostras, puede sustituirlas por langostinos o vieiras, y si es el buey crudo lo que no le apasiona, puede preparar la ensalada con buey asado. Sin embargo, no resultará tan satisfactoria ni tan fantástica. Las ostras que utilicé para elaborar este plato eran enormes, por eso era suficiente con tres por persona. Si le gustan mucho, como a mi padre, Bruce, necesitará más. He utilizado berros mastuerzo (si no los encuentra, utilice cualquier berro o roqueta). Si va a freír las ostras en una sartén (y no en freidora), utilice un recipiente hondo: así evitará las salpicaduras, y resultará más seguro. No obstante, yo en casa siempre utilizo un wok (con una base segura).

En primer lugar, prepare el aliño de jengibre. Para ello, córtelo en juliana fina y mézclelo con el vinagre de arroz y una pizca de sal. Tápelo y deje macerar durante 30 minutos.

Mientras tanto, prepare el rebozado. En un cuenco, tamice la harina, la sal, el azúcar y la levadura. Sin dejar de remover, añada la cerveza. Continúe removiendo y evitará que queden grumos. Tape y reserve.

Saltee las setas con 2 cucharadas del aceite de oliva; cuando se ablanden incorpore el aceite de sésamo y retírelas del fuego.

Corte el buey en sentido contrario a las fibras en lonchas redondas de 2-3 mm de grosor y disponga las lonchas en 4 platos. A continuación, tape cada plato con film transparente y manténgalos alejados de cualquier fuente de calor.

Corte el puerro por la mitad a lo largo, y, sobre una tabla de cocina, corte cada mitad en juliana fina.

Extraiga las ostras de las conchas (o pida al pescadero que lo haga por usted) y colóquelas sobre papel de cocina para eliminar el exceso de humedad.

Caliente el aceite para freír a 160°C. Añada la mitad del puerro y cuézalo removiendo hasta que adquiera una tonalidad dorada. Si se oscurece demasiado, quedará amargo; si está poco hecho, quedará flojo y sin sabor. Retire el puerro con una espumadera y escúrralo sobre papel de cocina. Cueza el resto del puerro de la misma manera.

Aumente la temperatura del aceite a 180°C. Reboce cuatro ostras con el preparado de cerveza y fríalas hasta que estén doradas (si el aceite no es suficiente, tendrá que darles la vuelta transcurrido 1 minuto). Retírelas con una espumadera y escúrralas sobre papel de cocina mientras fríe el resto. Mantenga calientes las ostras que vaya friendo en el horno a temperatura baja con la puerta entreabierta. Las ostras salpican mientras se fríen (al fin y al cabo, son criaturas jugosas; tenga cuidado cuando las prepare).

Para servir, coloque un montoncito de berros en el centro de la carne y reparta las *shiitake* y el jengibre; aliñe alrededor con el vinagre donde ha macerado el jengibre. Inserte 3 ostras entre los berros y reparta los puerros por encima. Rocíe con el resto del aceite y sirva.

---

16 setas chinas *shiitake* cortadas, pies retirados y sombreros a rodajas

3 cucharadas de aceite de oliva

½ cucharadita de aceite de sésamo

500 g de solomillo de buey, sin nervios ni grasa

10 cm del centro de un puerro grande

12 ostras grandes

aceite vegetal para freír (que cubra al menos 3 cm)

1 puñado de berros mastuerzo (berros pequeños)

para el aliño de jengibre

1 trozo grande de jengibre pelado

4 cucharadas de vinagre de arroz, zumo de limón o vinagre de sidra

sal

para el rebozado de cerveza

120 g de harina

½ cucharadita de sal

1 ½ cucharaditas de azúcar

½ cucharadita de levadura en polvo

250 ml de cerveza

ENSALADILLA RUSA REVOLUCIONARIA

DE PATATAS, ZANAHORIAS, JUDÍAS, GUISANTES, LENGUA, TRUFA Y BOGAVANTE

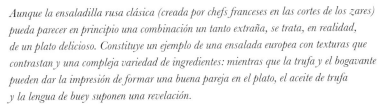

Aunque la ensaladilla rusa clásica (creada por chefs franceses en las cortes de los zares) pueda parecer en principio una combinación un tanto extraña, se trata, en realidad, de un plato delicioso. Constituye un ejemplo de una ensalada europea con texturas que contrastan y una compleja variedad de ingredientes: mientras que la trufa y el bogavante pueden dar la impresión de formar una buena pareja en el plato, el aceite de trufa y la lengua de buey suponen una revelación.

Si sustituye el habitual aliño de mayonesa por una vinagreta de limón, descubrirá una ensalada mucho más ligera y más fresca que la ensaladilla rusa habitual. He supuesto que a la mayoría le resultará complicado conseguir unas láminas de trufa blanca fresca, de modo que se ha incluido aceite de trufa. Y aquellos que todavía sientan aprensión hacia la lengua pueden utilizar un poco de panceta a la parrilla o incluso unos trozos de pechuga de pollo asado.

2 bogavantes, cada uno de 500 g aproximadamente, cocidos y con la carne extraída

350 g de patatas cerosas, cocidas y frías

1 puñado grande de judías verdes

150 g de guisantes frescos, blanqueados

8 rodajas más o menos gruesas (alrededor de 200 g) de lengua de buey cocida y pelada, o lenguas de cordero

12-16 zanahorias baby (o una zanahoria grande cortada en tiritas)

1 manojo pequeño de brotes (*véase* pág. 16) o de berros

para el aliño

1 ½ cucharaditas de aceite de trufa blanca (el de trufa negra posee un sabor más fuerte que no combina con este plato)

2 cucharadas de aceite de oliva virgen extra

2 cucharadas de zumo de limón

sal y pimienta negra recién molida

Corte la cola del bogavante en 8 trozos. Si el tracto digestivo permanece intacto (discurre por el centro de la cola), retírelo de cada trozo con un palillo. Corte las patatas por la mitad a lo largo. Blanquee las judías verdes y los guisantes en agua hirviendo durante 2 minutos, y después refrésquelos en agua fría.

Prepare el aliño. Para ello, mezcle el aceite de trufa, el aceite de oliva y el zumo de limón, y salpimente ligeramente.

Para servir, intercale las rodajas de langosta y de lengua en el plato, y rocíe con unas cucharaditas de aliño. Mezcle en un cuenco las patatas, las zanahorias, las judías y la mitad del resto del aliño y repártalos; coloque los guisantes al final. Adorne el plato con una pinza de bogavante, vierta el resto del aliño, y, por último, disponga los brotes o los berros.

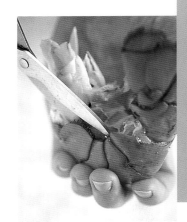

El modo más «humano» de cocer un bogavante vivo consiste en envolverlo primero en una bolsa de plástico perfectamente apretada e introducirlo en el congelador durante 2 horas, ya que así el animal entra en estado de coma. Mientras tanto, llene con agua fría dos tercios de una olla lo suficientemente grande para que quepa holgadamente. Añada un puñado de hierbas (por ejemplo, laurel, tomillo, raíz de cilantro, orégano, etc.), 1 cebolla pequeña en aros, zanahoria y 1½ cucharadita de sal marina fina por cada litro de agua. Lleve a ebullición, introduzca el bogavante, manténgalo sumergido durante 20 segundos y cuézalo 5 minutos por los primeros 500 g de peso y 3 minutos por cada 500 g. Retírelo de la olla, introdúzcalo en un recipiente con agua helada durante 1 minuto y después déjelo enfriar completamente.

Saque el martillo y el cascanueces y aplaste con cuidado el caparazón mientras extrae la carne de las pinzas y de la cabeza. La cola se extrae de forma más sencilla si se envuelve con un paño y se gira con firmeza desde la cabeza (como si estuviese retorciendo un paño). Separe la cabeza de la cola con firmeza, pero con cuidado. Tome unas tijeras de cocina y corte por ambos lados blandos de la cola. Separe el caparazón de la carne y obtendrá una cola completa. Debe tener una cola, dos pinzas y abundante carne limpia.

ENSALADA DE PANCETA CRUJIENTE, BACALAO ASADO, HABAS E HINOJO ASADO A LA NARANJA

3 bulbos medianos de hinojo

1 naranja grande

6 cucharadas de aceite de oliva virgen extra

200 g de panceta en lonchas finas
sin la corteza

800 g de filetes de bacalao

2 puñados grandes de habas, cocidas
y desgranadas

1 puñado pequeño de eneldo, cortado
en piezas de 2 cm

3 cucharadas de zumo de limón

2 endibias

La panceta se asemeja al beicon (la variante española puede adobarse con pimentón antes de curarla). Resulta mucho más firme que el beicon y se torna muy crujiente cuando se fríe. Si puede, compre una pieza para cortar lonchas en casa; si no le entusiasma la idea, adquiérala ya cortada.

Únicamente debe comprar bacalao que se haya pescado con técnicas sostenibles (pregunte en la pescadería). Si no encuentra bacalao, puede sustituirlo por casi cualquier pescado (aunque para este plato se precisa alguno que se desmenuce en trozos grandes: salmón, trucha marina, pargo grande o abadejo. Esta ensalada se puede servir tibia o fría.

Caliente el horno a 180°C. Corte los dos extremos del hinojo y pique los bulbos en aros de 3 mm. Pele la naranja, evitando la membrana blanca fibrosa, y corte la piel en juliana fina. Exprima la naranja.

Introduzca el hinojo, la piel de naranja y el zumo en una fuente refractaria (a ser posible, de cerámica) y añada un tercio del aceite. Salpimente y hornee hasta que el hinojo se ablande y empiece a adquirir un poco de color; remueva transcurridos 20 minutos. En total, la cocción debe llevarle unos 35 minutos.

Puede preparar la panceta de dos maneras. La primera consiste en disponerla en una rejilla, encima de una placa, y hornearla en el fondo del horno mientras se cuece el hinojo (unos 40 minutos, hasta que quede muy crujiente). El segundo método consiste en freírla lentamente en una sartén antiadherente hasta que adquiera una textura crujiente.

Frote el bacalao por la parte de la carne con el resto del aceite y salpimente. Dispóngalo en una fuente para asar forrada con papel sulfurizado, con la piel hacia abajo, y áselo (compruebe la cocción a los 8 minutos, ya que el tiempo exacto dependerá del tamaño de las piezas). El bacalao estará listo cuando pueda separar la carne con un cuchillo pequeño y afilado.

Mezcle las habas con el eneldo, el resto del aceite de oliva y el zumo de limón.

Para servir, distribuya las endibias en 4 platos y reparta el hinojo por encima. Cuando el bacalao se haya enfriado lo suficiente para poder manejarlo, desmenúcelo y repártalo. Añada la ensalada de habas y eneldo con sus jugos y adorne el plato con la panceta.

Ensaladas para **postres** que suponen el final perfecto en cualquier comida

ENSALADA TIBIA DE BRIOCHE TROCEADO A LA MIEL, PERA AL AZAFRÁN Y SULTANAS AL RON
CON MASCARPONE A LA VAINILLA

Esta ensalada tibia constituye un delicioso postre de otoño. Aunque le llevará cierto tiempo preparar los ingredientes, se elabora con gran rapidez. Todos los ingredientes se pueden tener listos con cinco días de antelación. Si no encuentra brioche y no tiene intención de prepararlo en casa, utilice algún bizcocho tipo panettone. *Para obtener un sabor intenso, utilice una buena miel aromática (por ejemplo, de lavanda). Este plato también resulta estupendo con membrillo en lugar de la pera (aunque necesita casi el doble de tiempo de cocción).*

150 g de brioche, de cualquier tipo o forma

4 cucharadas de miel aromática

15 g de mantequilla

80 g de sultanas

3 cucharadas de ron añejo

6 peras pequeñas o 4 grandes

600 ml de zumo de pera o de manzana

1 pizca generosa de azafrán

4 anises estrellados o 4 clavos, o una mezcla de ambos

¼ de vaina de vainilla

1 cucharada de azúcar blanquilla sin refinar

100 g de mascarpone

125 ml de crema de leche espesa

Prepare los trozos de brioche y las uvas pasas al menos con 6 horas de antelación. Caliente el horno a 160°C y forre una placa para hornear con papel antiadherente. Corte el brioche en rodajas de 1 cm aproximadamente; dispóngalas en la placa. Caliente la mitad de la miel con la mantequilla y, cuando empiece a chisporrotear, vierta la mezcla sobre el brioche. Coloque en el centro del horno hasta que el brioche se tueste ligeramente y adquiera un color dorado (20-25 minutos); déle la vuelta cuando haya transcurrido la mitad del tiempo de cocción. Si algunas piezas toman color antes que otras, retírelas y déjelas enfriar. Una vez frías, corte los brioches en trozos y consérvelos en un recipiente hermético.

Mientras el brioche está en el horno, vierta una taza de agua hirviendo sobre las sultanas y déjelas en remojo un máximo de 20 minutos. A continuación, escurra las pasas, póngalas en un cuenco pequeño, vierta el ron por encima y tápelas. Lo ideal es que permanezcan así al menos 6 horas para que absorban el ron (remuévalas en dos ocasiones).

Pele las peras, córtelas en mitades o en cuartos y retire el corazón. Introduzca los trozos en una cacerola donde apenas quepan, vierta el zumo de pera o de manzana y el resto de la miel; añada el azafrán, el anís y/o los clavos, y lleve todo a ebullición. El líquido debe cubrir las peras; si no es así, añada un poco de agua hirviendo. Coloque encima un cartucho (*véase* pág. 153) o un plato adecuado para mantener las peras sumergidas y cuézalas hasta que pueda introducir fácilmente un cuchillo en la carne (20-30 minutos).

Retire el cartucho o el plato, ponga a fuego medio y deje que el líquido se reduzca a la mitad, con cuidado de que las peras no se adhieran al recipiente.

Corte la vainilla por la mitad a lo largo y pase las semillas a un cuenco. Añada el azúcar y machaque todo con una cuchara. Incorpore el mascarpone y la crema, y bátalo hasta que se formen picos. Conserve en el frigorífico.

Para servir, ponga las peras y el jarabe en una cacerola y cuézalas durante 2 minutos. Retírelas del calor y añada las sultanas con su líquido. Reparta las peras y la mitad de las sultanas en 4 cuencos y disponga el brioche por encima. Incorpore el mascarpone y el resto de las sultanas, y reparta el fondo de cocción.

ENSALADA DE FRESAS, RUIBARBO, ARÁNDANOS Y PACANAS AL JARABE DE ARCE CON YOGUR DE FRUTA DE LA PASIÓN

La gama de sabores afrutados de este postre proporciona un poderoso contraste. El ruibarbo posee un sabor muy astringente y fuerte; los arándanos son densos, y las fresas aportan un sabor intenso, pero ligero y aromático a la vez. Combinado con el agraz (zumo sin fermentar de uvas sin madurar) al aroma de vainilla, el conjunto representa todo un capricho. Las pacanas también combinan a la perfección con ensaladas sabrosas, de modo que compre bastantes y consérvelas en un tarro hermético para usos posteriores. Esta ensalada de frutas se puede tomar tibia o fría, y cabe la posibilidad de utilizar los fondos de cocción como refresco: sólo hay que añadir agua con gas o tónica.

Caliente el horno a 160°C. Mezcle las pacanas con el jarabe de arce y dispóngalas en una placa forrada con papel antiadherente. Hornee durante 12-20 minutos. Remueva en dos ocasiones para asegurarse de que las nueces se hagan por igual (estarán listas cuando queden doradas por dentro: abra una con un cuchillo a los 10 minutos de cocción). Al hornearse, el jarabe de arce se habrá evaporado, lo que hace que se forme una capa dura y dulce que recubre las pacanas.

Mientras se hornean las nueces, ponga el agraz, el azúcar y la vaina de vainilla en una cacerola mediana. lleve a ebullición y cueza durante 5 minutos. Incorpore el ruibarbo, a ser posible formando una capa, y lleve de nuevo a ebullición. Continúe la cocción durante 4-6 minutos, dependiendo del grosor del ruibarbo. Déle la vuelta a mitad de la cocción. Si lo cuece demasiado, empezará a romperse; si queda poco hecho, estará un poco más firme. Retírelo del fuego.

Transcurridos 5 minutos, añada los arándanos y las fresas, y mezcle la fruta de la pasión con el yogur.

Para servir, reparta el ruibarbo entre 4 platos; coloque las bayas por encima y un poco de los fondos de cocción. Incorpore el yogur y adorne con unas cuantas pacanas.

1 puñado grande de nueces pacanas

2 cucharadas de jarabe de arce

350 g de agraz

225 g de azúcar blanquilla

1 vaina de vainilla, cuarteada a lo largo

500 g de ruibarbo, cortado en piezas de 6 cm de largo

1 puñado grande de arándanos

1 puñado grande de fresas

2 frutas de la pasión

200 g de yogur natural espeso

ENSALADA DE NECTARINA, CIRUELAS, LICHIS, PIÑA Y ALBAHACA A LA GUINDILLA CON ALIÑO DE CHOCOLATE Y COCO TOSTADO

Esta ensalada se puede preparar con cualquier fruta madura; la adición de la guindilla, la albahaca, la salsa de chocolate y el coco aporta un giro sorprendente y la convierte en una ensalada más para postre que para desayuno. Elija entre tres y cinco piezas de fruta maduras de temporada (el mango, la papaya, las bayas y el plátano también proporcionan buenos resultados). A mí me gusta abrir un coco fresco, cortarlo en tiras finas con un pelador y tostarlo (véase inferior), aunque también puede utilizar coco desecado. El hecho de usar coco fresco puede parecer un trabajo demasiado arduo; sin embargo, disfrutará de la deliciosa recompensa de un coco recién preparado, que es infinitamente mejor que el coco desecado. Utilice la mayor cantidad de guindilla posible: cuando se combina con azúcar, el sabor picante de la guindilla se suaviza un poco y la lengua percibe en mayor medida el gusto de la especia que el picante.

Introduzca la guindilla y el azúcar en un cazo pequeño con una taza de agua; lleve a ebullición y deje hervir durante 5 minutos. Retire del fuego y distribuya la mezcla en 2 cuencos. Incorpore a uno de los cuencos el zumo y la ralladura de lima, y al otro el chocolate. Remueva el chocolate para mezclarlo bien con el jarabe y reserve al calor.

Disponga toda la fruta en un cuenco grande y vierta el jarabe de lima; mezcle bien y deje macerar durante 1 o 2 horas en el frigorífico (durante este tiempo, remueva en dos ocasiones).

Para servir, saque la fruta del frigorífico, añada la albahaca y distribuya todo en 4 cuencos. Remueva el aliño de chocolate y viértalo encima de la fruta; por último, incorpore el coco.

½ guindilla roja no muy picante, picada

8 cucharadas de azúcar blanquilla muy fina

2 cucharadas de zumo y ½ cucharadita de ralladura muy fina de 1 o 2 limas

100 g de chocolate negro rallado muy fino

3 nectarinas, cortadas en gajos

6 ciruelas, cortadas en trozos (he utilizado ciruelas claudias y rojas)

12 lichis pelados y dehuesados

½ piña baby dulce, pelada y cortada en trozos

8 hojas grandes de albahaca partidas en trozos pequeños

1 puñado de coco tostado (*véase* inferior)

En primer lugar, debe abrir un coco. Sujételo bien con una mano, encima de un cuenco, y utilice un martillo o el mango de un cuchillo grande. Golpee el coco con fuerza, vaya girándolo entre golpe y golpe, e intente golpear en el centro. Tendrá que completar una vuelta entera, como mínimo, para conseguir abrirlo. En un momento dado escuchará un sonido sordo: es la cáscara que por fin se ha roto. Separe las dos piezas con las manos y/o con un cuchillo de punta roma.

El proceso siguiente es más difícil. Creo que lo mejor para realizar esta operación es un cuchillo para abrir ostras o un destornillador grande y plano. Se debe separar la pulpa blanca de la cáscara, de modo que hay que introducir el cuchillo o la herramienta que se utilice entre esas dos capas y mover el utensilio para separarlas.

Lo conseguirá, pero puede llevarle algún tiempo. Como alternativa, puede introducir las dos mitades del coco, incluida la cáscara, en un horno a 180°C y hornear durante 30-40 minutos; ayudará un poco, ya que la pulpa reducirá su tamaño y se desprenderá de la cáscara con mayor facilidad. Bajo ningún concepto debe introducir un coco sin abrir en el horno, ya que podría explotar (fui testigo de una de estas explosiones en la festividad de Taipusan, en Malaysia).

Cuando haya separado la pulpa, córtela en tiras finas con una mandolina o un pelador y dispóngala en una sola capa en varias placas de horno forradas con papel sulfurizado (las tiras no pueden quedar amontonadas). Puede espolvorear las tiras de coco con un poco de azúcar lustre o bien simplemente tostarlas, pero en cualquier caso

debe graduar el horno a 160°C y tostar el coco hasta que esté dorado (vigílelo, ya que tiene tendencia a pasar rápidamente de ser blanco y flexible a marrón oscuro y amargo). Estará listo en 20-40 minutos. A medida que las tiras se vayan tostando, vaya retirándolas de la bandeja. Déjelas enfriar y consérvelas en recipientes herméticos.

Un último consejo: es posible que alguna vez se encuentre con un coco estropeado, cosa nada agradable para la vista y el olfato. No siempre resulta sencillo identificar el estado del coco, pero para elegir una pieza asegúrese de que resulte firme y de que se oiga o se perciba la presencia de líquido en su interior. Si al abrirlo no está seguro de su calidad (si la pulpa aparece grisácea o en mal estado, o el olor resulta inusualmente desagradable), deséchelo y utilice coco desecado.

ENSALADA DE POMELO ROSA, UVAS, FRAMBUESAS Y ACEITE DE OLIVA CON YOGUR A LA MENTA

La presencia de aceite de oliva en un postre puede parecer extraña, pero intente verlo como un ingrediente sabroso en lugar de como una grasa... siempre y cuando utilice un delicioso aceite de oliva virgen extra. La primera vez que degusté algo parecido fue en Jabugo, en España. Se trataba de un postre a base de rodajas de naranja rociadas con un aceite local. Fue toda una revelación. Si no desea incluir lácteos en este postre, prescinda del yogur y mezcle la menta con las uvas.

2 pomelos rosas

1 ½ cucharadas de aceite de oliva virgen extra

300 g de uvas, sin pepitas ni los tallos

1 cucharadita de miel clara

2 puñados de frambuesas

12 hojas de menta, a tiras finas

240 ml de yogur espeso (puede utilizar yogur de leche de oveja o de cabra si le gustan los sabores fuertes)

Pele y corte en gajos el pomelo (*véase* inferior) encima de un cuenco y reserve el zumo que se desprenda.

Caliente una sartén y añada 2 cucharaditas del aceite; a continuación, incorpore las uvas y cuézalas a fuego fuerte hasta que se les formen algunas ampollas; remueva con frecuencia para que se hagan por igual. Añada el zumo de pomelo y continúe la cocción hasta que se evapore casi por completo; incorpore la miel y lleve a ebullición. Vierta todo en un cuenco y déjelo enfriar.

Cuando las uvas estén frías, añada los gajos de pomelo, las frambuesas y el resto del aceite, y remueva con cuidado.

Mezcle la menta con el yogur.

Para servir, reparta la ensalada de frutas en 4 cuencos pequeños y sirva el yogur con menta por encima.

Para cortar pomelos en gajos (y otros cítricos), empiece cortando los dos extremos de la pieza. Apóyela sobre uno de los cortes y, con un cuchillo pequeño y afilado, corte la piel en secciones en sentido descendente. El pomelo completamente pelado no debe presentar la fibra blanca que se encuentra tras la piel, pero intente no eliminar demasiada pulpa. Sujete la fruta con una mano (encima de un cuenco para recoger los zumos) y corte con cuidado los gajos llegando hasta el centro de la pieza. Practique los cortes junto a la membrana que separa los gajos.

Para preparar este postre, resulta ideal un pequeño soplete de gas como los que se utilizan en los restaurantes para caramelizar la crema, aunque no voy a dar por sentado que dispone de uno, de modo que tendrá que utilizar el grill del horno (como hice yo).

Para escalfar frutas de textura blanda como los melocotones es importante disponer del suficiente líquido, de manera que las piezas queden suspendidas y no estén en contacto con el fondo de la cacerola, ya que es muy fácil que se aplasten cuando se ablandan debido a la cocción. Por tanto, prepare una cacerola adecuada (las frutas deben caber en una sola capa). Si es pequeña, se montarán unos melocotones encima de otros; si es demasiado grande, precisará abundante líquido de cocción. En cualquier caso, si comprueba que los melocotones no flotan (por ejemplo, si son muy grandes), añada más líquido. Puede cocer los melocotones con un máximo de 4 días de antelación, siempre y cuando los conserve en el líquido de cocción, tapados y en el frigorífico.

Para preparar un cartucho, prepare un cuadrado de papel sulfurizado y coloque encima la tapa de la cacerola. Con un lápiz, marque un círculo ligeramente más grande que la tapa y recórtelo. Doble en cuatro trozos y corte un agujero de 5 mm en el centro.

ENSALADA DE PLÁTANO Y MANGO CARAMELIZADOS CON MELOCOTÓN A LA VAINILLA

Limpie cuidadosamente los melocotones con un paño húmedo. Con un cuchillo muy afilado, realice una cruz de 4 cm en el extremo puntiagudo partiendo del centro, para que después resulte más fácil pelarlos.

Lleve a ebullición el vino con la vainilla, el azúcar, la piel y el zumo de limón, y deje hervir durante 2 minutos. Incorpore los melocotones y lleve de nuevo a ebullición; baje el fuego y continúe la cocción. Coloque encima el cartucho (*véase* párrafo inicial) o un plato del tamaño adecuado, presiónelo sobre el líquido y continúe la cocción hasta que pueda introducir un pincho o un cuchillo fino y afilado en los melocotones (aproximadamente 20 minutos para un melocotón mediano y maduro). Deje enfriar completamente en el líquido.

Extraiga los melocotones ya fríos de uno en uno y pélelos (es posible que necesite un cuchillo). Vuelva a introducirlos en el líquido de cocción para que se conserven.

Caliente el grill. Disponga los trozos de plátano y mango formando una capa en una placa forrada con papel de aluminio ligeramente untado con aceite. Espolvoree con azúcar lustre y hornee hasta que se caramelicen ligeramente.

Para servir, forme un círculo con las frutas horneadas en cada plato y coloque un melocotón en el centro. Rocíe con unas cucharadas del líquido de cocción, y coloque encima un trozo de piel de limón.

4 melocotones

1 botella de vino blanco (elija el sabor que prefiera; yo me decantaría por un sauvignon blanc de Nueva Zelanda o por un moscatel dulce y afrutado, dependiendo del estado de ánimo)

1 vaina de vainilla cuarteada a lo largo

225 g de azúcar blanquilla (personalmente lo prefiero sin refinar, ya que de este modo se advierte el toque de caramelo)

zumo y cáscara de 1 limón (pélelo con un pelador o con un cuchillo afilado, y evite la membrana blanca que hay debajo de la piel)

2 plátanos pelados y cortados en diagonal, en rodajas de 1 cm de grosor, aproximadamente

1 mango grande, pelado, carne separada del hueso y cortado en trozos de 5 mm de grosor

2 cucharadas de azúcar lustre

ENSALADA DE HIGOS, DÁTILES, ALMENDRAS, SÉSAMO Y CHOCOLATE CON ALIÑO DE AGUA DE ROSAS A LA NARANJA

6 higos

8 dátiles

1 cucharadita de miel clara

3 cucharadas de agua de rosas

100 ml de zumo de naranja recién exprimido

1 puñado de almendras tostadas fileteadas

100 g de chocolate negro, en trocitos muy pequeños

1 cucharadita de semillas de sésamo tostadas

1 cucharada de aceite de almendras o de avellanas

Los higos frescos y maduros resultan increíblemente dulces, de modo que prefiero que se enfríen bien antes de comerlos. Mientras escribo esta introducción me encuentro en un gulet *(una embarcación turca tradicional de madera), junto a la costa de Dalama, con doce personas más, sin hacer nada más que nadar y redactar parte de este libro. Estoy en cubierta, a la sombra de la vela, degustando un café turco. Los higos que tomamos en el desayuno de esta mañana se asemejaban más a un jarabe dulce encerrado en una pulpa afrutada que a una fruta real. Los dátiles poseen un carácter parecido, con una pulpa rica y dulce. Esta ensalada debe parte de su inspiración a este viaje: los sabores recuerdan al fabuloso bazar de especias de Estambul. También resulta deliciosa con crema o con helado de vainilla.*

Si lo prefiere, pele los higos, aunque no es necesario. Retire la punta leñosa del tallo y corte cada higo en seis cuñas; dispóngalas en un cuenco.

Corte los dátiles por la mitad a lo largo y resérvelos. Retire el hueso y el extremo leñoso, y dispóngalos con los higos.

Mezcle la miel con el agua de rosas y el zumo de naranja hasta que se diluya todo y viértalo sobre la fruta. Mezcle todo bien con cuidado y consérvelo en el frigorífico durante 1 o 2 horas (remueva con cuidado una vez más durante este tiempo).

Para servir, distribuya la ensalada en 4 platos, vierta por encima las almendras, el chocolate y las semillas de sésamo, y rocíe con el aceite de almendra o avellana.

Índice

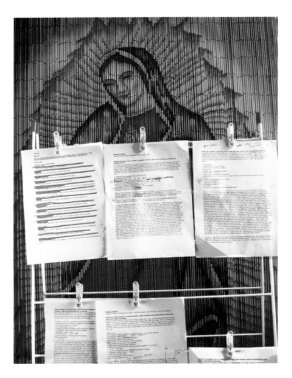

AGRADECIMIENTOS

Me encantaría dar las gracias a mi compañero, Michael,
por su fantástico e incansable apoyo.

Quisiera agradecer a todo el equipo de The Providores
su generosa ayuda, así como su inspiración.

Finalmente, me gustaría agradecer la importante
contribución de todo el equipo que ha trabajado
en este libro: a Jane O'Shea, por encargarlo; a Lewis
Esson, por su sensibilidad en la edición; a Jean Cazals,
por sus brillantes fotografías; a Lawrence Morton, por su
diseño impecable; a Sue Rowlands, por su elegante diseño,
y, por último, pero no por ello menos importante, a mi
agente, Felicity Rubinstein.